AF748409

www.ingramcontent.com/pod-product-compliance
Lightning Source LLC
LaVergne TN
LVHW010845051026
849532LV00007B/2819
9789369087402

زبانِ اردو کا علمی مطالعہ

(علمی و ادبی مضامین)

مرتب:

مکرم نیاز

Zaban-e-Urdu ka Ilmi Mutalaa (Essays)

by: Mukarram Niyaz

Edition: March '2026

Publisher :

Taemeer Publications LLC (Michigan, USA / Hyderabad, India)

ISBN 978-93-6908-740-2

9 789369 087402

کتاب	:	**زبانِ اردو کا علمی مطالعہ**
مرتب	:	**مکرم نیاز**
بہ تعاون	:	ncpulblog ویب سائٹ سے ماخوذ
صنف	:	تحقیق و تنقید
ناشر	:	تعمیر پبلی کیشنز (حیدرآباد، انڈیا)
سالِ اشاعت	:	۲۰۲۶ء
صفحات	:	۹۰
سرورق ڈیزائن	:	تعمیر ویب ڈیزائن

فہرست

پیش لفظ

زبان محض ابلاغ کا وسیلہ نہیں ہوتی، بلکہ وہ کسی قوم کی تاریخ، تہذیب، احساس، فکری روایت اور اجتماعی شعور کی امین ہوتی ہے۔ اردو زبان بھی اسی طرح ایک ایسی زندہ، متحرک اور تہذیبی طور پر ثروت مند زبان ہے جس نے برصغیر کے علمی، ادبی، سماجی اور سیاسی سفر میں اپنا نمایاں کردار ادا کیا ہے۔ "زبانِ اردو کا علمی مطالعہ" اسی عظیم زبان کے مختلف علمی، لسانی اور سماجی پہلوؤں کا ایک سنجیدہ اور بامعنی مطالعہ پیش کرتی ہے۔ یہ کتاب ہمیں یاد دلاتی ہے کہ اردو صرف شاعری یا نثر کی زبان نہیں، بلکہ ایک مکمل تہذیبی ورثہ ہے جس میں تحریکِ آزادی کی گونج بھی ہے، صوفیائے دکن کی تبلیغی روشنی بھی، آئینی حقوق کی بحث بھی، اور تدریسی مسائل کی تلخ حقیقت بھی۔ اردو کے آغاز سے متعلق مختلف نظریات، اس کے صوتی نظام کی لطافت، معنیات کی وسعت، اور اس کی تدریس و ترویج کے عملی مسائل — یہ سب اس کتاب کے مضامین میں ایک دوسرے سے جڑ کر اردو زبان کی جامع تصویر بناتے ہیں۔ آج جب لسانی شناخت، تعلیمی ترجیحات اور آئینی حقوق

کے سوالات زیادہ اہم ہو گئے ہیں، ایسی کتابیں ہمیں یہ سمجھاتی ہیں کہ اردو کے علمی مطالعے کے بغیر نہ اس کے ماضی کو پوری طرح جانا جا سکتا ہے، نہ حال کو سمجھا جا سکتا ہے، اور نہ مستقبل کی صحیح سمت متعین کی جا سکتی ہے۔ یہ مجموعہ طالب علم، محقق اور عام قاری سب کے لیے ایک فکری رہنمائی فراہم کرتا ہے اور اردو زبان کے ساتھ ایک بامقصد مکالمے کی دعوت دیتا ہے۔

پہلا مضمون "تحریک آزادی کا جلی عنوان اردو زبان" اس حقیقت کو واضح کرتا ہے کہ اردو نے آزادی کی جدوجہد میں صرف نعرے یا جذبات نہیں دیے، بلکہ ایک فکری اور تہذیبی وحدت بھی پیدا کی۔ دوسرا مضمون "اردو زبان کے آغاز سے متعلق مختلف نظریات کا جائزہ" اردو کی پیدائش کے بارے میں رائج نظریات کو علمی انداز میں سامنے لاتا ہے اور زبان کے تاریخی پس منظر پر روشنی ڈالتا ہے۔ تیسرا مضمون "اردو زبان کی ترویج و اشاعت میں صوفیائے دکن کا حصہ" دکن کے صوفیانہ ماحول، خانقاہی مراکز اور روحانی دعوت کے لسانی اثرات کو بیان کرتا ہے۔ چوتھا مضمون "ہندوستانی آئین میں اردو زبان کا مقام" اردو کے قانونی و دستوری مقام، اس کی آئینی حیثیت اور عملی دشواریوں کو اجاگر کرتا ہے۔

پانچواں مضمون "اسکولی سطح پر اردو زبان کی تدریس کے مسائل" تعلیمی اداروں میں اردو تدریس کے چیلنجز، نصاب، اساتذہ اور سماجی رویوں پر گفتگو کرتا ہے۔ چھٹا مضمون "اردو کا صوتی ذخیرہ اور صوتی نظام لاثانی ہے" اردو کی آہنگ، تلفظ، صوتی لطافت اور فطری موسیقیت کو نمایاں کرتا ہے۔ ساتواں مضمون "اردو

معنیات" الفاظ کے مفہوم، لسانی دلالت اور معنیاتی وسعت جیسے اہم مباحث کو سمیٹتا ہے۔

یوں یہ کتاب اردو زبان کو محض ایک ذریعۂ اظہار نہیں بلکہ ایک مکمل علمی و تہذیبی جہان کے طور پر پیش کرتی ہے، جس کی حفاظت، تدریس اور تفہیم ہم سب کی مشترکہ ذمہ داری ہے۔

ا

تحریک آزادی کا جلی عنوان اردو زبان

عقیلہ

ہندوستان کی تحریک آزادی میں اردو زبان و ادب نے انتہائی اہم رول ادا کیا ہے۔ یاد رہے کہ زبان کا تعلق کسی مذہب یا کسی قوم سے نہیں ہوتا۔ انگریزوں سے مقابلہ کرنے کے لیے جس زبان نے ہندو، مسلم، سکھ، عیسائی کو ایک صف میں کھڑا کر دیا وہ اردو زبان ہی تھی۔ اس زبان کے شعرا صحافی اور ادبا نے اپنی ذمے داری کو سمجھتے ہوئے اسے ادا کرنے کی کوشش بھی کی۔ شعرا بھی ملک و قوم کی بدتر ہوتی ہوئی حالت سے بے خبر نہ تھے۔ جب انھوں نے ملک میں غیر کو حاکم بنے دیکھا تو کف افسوس ملتے رہ گئے۔ یہ دور اردو غزل کا سنہری دور کہا جاتا ہے۔ ایسے میں شعرا نے تغزل کے پردے میں انگریزی حکومت کو اپنے طنز کا نشانہ بنایا۔ اس زمانے میں بعض شعرا نے انگریزوں کو گلچیں اور صیاد کا نام دے کر اپنے دل کی بھڑاس نکالی ہے۔ بطور مثال سودا کا شعر ملاحظہ فرمایئے۔

صبا سے ہر سحر مجھ کو لہو کی باس آتی ہے
چمن میں آہ! گلچیں نے کس بلبل کا دل توڑا

اسی طرح مظہر جان جاناں بھی ملک کی حالت دیکھ کر تڑپ گئے۔ وہ اپنے دل کا حال کچھ اس طرح بیان کرتے ہیں۔

یہ حسرت رہ گئی کس کس مزے سے زندگی کرتے
اگر ہوتا چمن اپنا، گل اپنا، باغباں اپنا

شاعروں نے غلامی اور اس سے پیدا ہونے والی گھٹن کو بہت پہلے ہی محسوس کر لیا تھا۔ اپنے انھیں احساسات و محسوسات کو شاعری کے ذریعے عوام تک پہنچانے کی کوشش کی۔ اس سلسلے میں میر کے یہ چند اشعار پیش ہیں۔

دلّی جو ایک شہر تھا عالم میں انتخاب
رہتے تھے منتخب ہی جہاں روز گار کے
جس کو فلک نے لوٹ کے ویران کر دیا
ہم رہنے والے ہیں اسی اجڑے دیار کے

آگے چل کر یہ رنج و غم بغاوت کی شکل اختیار کر لیتا ہے اب شعرا میں اتنا حوصلہ آگیا کہ وہ برطانوی حکومت کی آنکھوں میں آنکھیں ڈال کر اپنی بات کہہ سکیں۔ جب ہندوستانیوں نے اس بات کو محسوس کر لیا کہ یہ حاکم نہیں لٹیرے ہیں اور ہمارے ملک کو تباہی و بربادی کے راستے پر گامزن کر رہے ہیں تو ظالم حکمراں کے خلاف جنگ کا اعلان کر دیا۔ اب ڈھکے چھپے لفظوں کی جگہ للکار نے لے لی۔ ۱۸۵۷ کے بعد ہندوستانی عوام نے یہ بات شدت سے محسوس کی کہ غیر ملکی اقتدار کو اپنے ملک سے بھگانا ہے اور کسی بھی طرح آزادی حاصل کرنی ہے۔ پہلی جنگ آزادی ناکام ضرور ہوگئی تھی مگر اس ناکامی نے لوگوں کو جوش اور حوصلے سے بھر دیا

تھا۔ انگریزی حکومت بھی اس بات سے باخبر ہوگئی تھی کہ جب تک ہندو مسلم کندھے سے کندھا ملا کر کھڑے ہیں، اس ملک پر حکومت کرنا ناممکن ہے۔ لہٰذا انھوں نے 'پھوٹ ڈالو اور راج کرو' کی پالیسی پر عمل کیا۔ ادھر ہمارے ملک کے دانش مند حضرات ان کے ناپاک منصوبے کو ناکام کرنے کے لیے قومی یکجہتی پر زور دینے لگے۔ اس طرح اردو شاعری میں فلسفیانہ نظریات، عشقیہ تصورات اور دیگر موضوعات کی طرح قومی یکجہتی کے تصورات بھی شامل ہو گئے۔

انجمن پنجاب لاہور میں ہونے والے جلسوں اور مشاعروں نے قومی یکجہتی کے نظریات کو ایک نئی رفتار اور قوت بخشی۔ اس سلسلے میں محمد حسین آزاد، شبلی نعمانی، چکبست اور مولانا الطاف حسین حالی کے نام قابل ذکر ہیں۔ اس انجمن میں ایسی نظمیں پڑھی گئیں، جن کی بنیاد حب الوطنی اور قومی یکجہتی تھی۔ حالی کی نظم 'حب وطن' اس کی بہترین مثال ہے۔ جو حالی کی وطن سے غیر معمولی محبت اور انسیت کا پتہ دیتی ہے۔ وہ لکھتے ہیں کہ

جان جب تک نہ ہو بدن سے جدا
کوئی دشمن نہ ہو وطن سے جدا

اسی طرح چکبست کی شاعری اپنے وقت کے سیاسی موضوعات سے لبریز تھی۔ حب الوطنی کے جذبات و خیالات کو انھوں نے بڑے ہی مؤثر انداز سے پیش کیا۔ انھوں نے ان سیاسی لیڈروں کو اپنی نظموں کا موضوع بنایا، جو برطانوی حکومت کے خلاف احتجاج کرتے رہے اور کبھی ہار نہیں مانی۔ بال گنگا دھر تلک سے چکبست خاص متاثر تھے۔ ان کی موت سے پورے ملک میں غم کی لہر دوڑ گئی تھی۔ چکبست انھیں

کچھ اس طرح خراج عقیدت پیش کرتے ہیں۔

تھا نگہبان وطن دبدبۂ عالم ترا
نہ ڈگیں پاؤں یہ تھا قوم کو پیغام ترا
نیند سے چونک پڑے سن لیا جو نام ترا
بندۂ رسم جفا چین سے اب سوئیں گے

انقلابی شاعری کی بات ہو اور جوش ملیح آبادی کا ذکر نہ ہو کیونکہ جوش کے لب و لہجے میں وہ گھن گرج ہے جو جنگ کے میدان میں سپاہی کی آواز میں ہوتی ہے۔ جوش صرف برطانوی حکومت کو للکارتے نہیں ہیں بلکہ اپنے ہم وطنوں کو بغاوت کے لیے اور آزادی حاصل کرنے کے لیے اکساتے بھی ہیں۔

شاید جوش کے انھیں خیالات کی بنا پر انھیں شاعر انقلاب کا لقب دیا گیا۔ ان کے یہاں ایسی نظموں کی کثرت ہے جو عوام میں جوش اور ولولہ بھر دے۔ زنداں، 'شکست زنداں کا خواب'، ایسٹ انڈیا کمپنی کے فرزندوں کے نام اور انقلاب اس کی بہترین مثالیں ہیں۔ جوش کی نظم کے کچھ اشعار جو اس موقعے پر مجھے یاد آرہے ہیں۔ جس میں وہ نہ صرف برطانوی حکومت کو ملک چھوڑنے کا مشورہ دیتے ہیں بلکہ صاف صاف لفظوں میں انھیں دھمکاتے بھی ہیں اشعار ملاحظہ ہوں۔

خیر اے سوداگرواب ہے تو بس اس بات میں
وقت کے فرمان کے آگے جھکا دو گردنیں
اک کہانی وقت لکھے گا نئے مضمون کی
جس کی سرخی کو ضرورت ہے تمھارے خون کی

علامہ اقبال بھی اس سلسلے کی اہم کڑی ہیں۔ ان کے ابتدائی دور کی نظمیں حب الوطنی، ہندو مسلم اتحاد اور قومی یکجہتی کی بہترین مثالیں ہیں۔ انھوں نے آنے والے خطرے سے ہندوستانیوں کو باخبر کرنے کی کوشش کی اور بتایا کہ تمھاری فلاح اتحاد میں ہے۔ وہ لکھتے ہیں کہ

نہ سمجھوگے تو مٹ جاؤگے اے ہندوستاں والو
تمھاری داستاں تک بھی نہ ہوگی داستانوں میں

علامہ اقبال کو اپنے وطن ہندوستان سے بہت محبت تھی۔ ان کے پہلے مجموعۂ کلام 'بانگ درا' میں ایسی نظمیں کثیر تعداد میں موجود ہیں جو خالص وطن کی محبت میں لکھی گئیں۔ وہ اپنے ملک کی حالت زار دیکھ کر آنسو بہاتے ہیں 'تصویر درد' میں ان کے یہ آنسو دکھائی دیتے ہیں۔ اس کے علاوہ 'ترانہ ہندی' لکھ کر اقبال نے قومی شعرا کی فہرست میں اپنا نام درج کیا۔ 'ترانۂ ہندی' کو آج بھی قومی گیت کی حیثیت حاصل ہے۔ اسے خاص موقعے پر بڑی شان سے پڑھا جاتا ہے۔

ان شعرا کے علاوہ ایسے کئی شعرا ہیں جنھوں نے اپنی جان کی فکر نہ کرتے ہوئے عوام کو بیدار کرنے کی کوشش کی اور انھیں ظلم کے خلاف آواز بلند کرنے کی تاکید بھی کی حسرت موہانی، مجاز لکھنوی، علی سردار جعفری، ساحر لدھیانوی، مخدوم وغیرہ یہ ایک لمبی فہرست ہے جن کے نام اور کارنامے ان چند صفحات میں پیش نہیں کیے جاسکتے۔ بعض شعرا کو باغیانہ شاعری کی بدولت قید وبند کی صعوبتیں بھی اٹھانی پڑیں۔ لیکن ان کا حوصلہ کبھی کم نہ ہوا۔

نظم کی طرح عوام کو بیدار کرنے میں اردو نثر نے بھی اہم رول ادا کیا ہے۔

ادیبوں نے ایسی کہانیاں تحریر کیں جنھیں پڑھ کر عوام نے غیر کی حکومت کو تسلیم کرنے سے انکار کر دیا۔ یہی وجہ ہے کہ حکومت نے ایسے ناولوں اور افسانوں پر پابندی لگانے کا فیصلہ کیا۔ جو عوام کے خون کو گرما دے۔ منشی پریم چند کا پہلا افسانوی مجموعہ، سوز وطن جو ۱۹۰۸ میں شائع ہوا۔ اس سلسلے کی پہلی کڑی تھی جسے انگریزی حکومت نے ضبط کیا۔ لیکن پریم چند کے حوصلے اس حادثے کے بعد مزید بلند ہوئے اور انھوں نے اپنا کام جاری وساری رکھا۔ جس کے نتیجے میں میدان عمل اور چوگانِ ہستی جیسے ناول وجود میں آئے۔ ان کے علاوہ اردو ڈراموں نے بھی انگریزوں کے ظلم وستم کی داستانیں بیان کیں۔

اسی طرح اردو اخبارات نے حوصلہ اور جوش پیدا کر دیا کہ وہ انگریز کے سامنے اپنی بات کہہ سکے۔ ہندوستانیوں کو احساسِ کمتری سے نکالنے والے یہ اخبارات ان کا سب سے طاقتور ہتھیار بھی بنے۔ انگریز حکومت کو اس کی اہمیت کا بخوبی اندازہ تھا اس لیے وہ اسلحے کو دبانا اور کچلنا چاہتے تھے۔ مگر ایسا کر نہ سکے۔ کئی صحافیوں کو قید وبند کی صعوبتیں اٹھانی پڑیں، کچھ کو موت کے گھاٹ اتار دیا گیا اور بعض کو ایسی دردناک سزائیں دی گئیں کہ سن کر روح کانپ جائے۔ لیکن یہ آزادی کے متوالے تھے اپنی دھن میں پکے، سزا اور اذیتیں برداشت کیں مگر راستہ نہ بدلا۔ انھیں نہ موت کا خوف تھا نہ پکڑے جانے کی فکر، انھوں نے اپنا مقصد حیات آزادی مقرر کر لیا اور پھر سکون سے نہ بیٹھے۔ ڈنکے کی چوٹ پر حکومت سے بغاوت کی۔ ان صحافیوں نے خبروں کی آڑ میں ہندوستانیوں میں غیرت جگائی، ان میں وہ جوش اور ولولہ پیدا کر دیا کہ وہ سر کٹانے کے لیے تیار ہو گئے 'کلکتہ کا جام جہاں نما' اردو کا پہلا اخبار تھا۔ جس نے

ملک کی سرگرمیوں سے باخبر کیا۔ اس کے بعد اردو زبان میں اخباروں کا سلسلہ جاری ہوا۔ جنھوں نے چنگاری کو آگ میں تبدیل کرنے کا کام انجام دیا۔ دہلی کا 'اردو اخبار' حسرت موہانی کا 'اردوئے معلی '' مولانا ابو الکلام آزاد کا 'الہلال' اور 'البلاغ' پیسہ اور زمیندار وغیرہ بھی اہم اخبارات تھے۔ جس کے ذریعے عام آدمی تحریک آزادی میں شامل ہوتا گیا اور اس تحریک میں جان ڈالتا گیا۔

۱۸۵۷ کی پہلی جنگ آزادی کے بعد انگریزوں کے ظلم کا پہاڑ صحافیوں پر بھی ٹوٹا تھا۔ محمد حسین آزاد کے والد محمد باقر جو انقلاب زمانہ میں سچی اور حقیقی رپورٹنگ کر رہے تھے۔ انگریزوں کے عتاب کا نشانہ بنے۔ اسے اردو زبان کا شرف سمجھیے کہ محمد باقر اس زبان سے وابستہ تھے اور اپنا فرض ادا کرتے ہوئے شہید ہوئے۔ یہ پہلے ہندوستانی صحافی تھے جنھوں نے ملک کی خاطر جام شہادت نوش کیا۔

'پیسہ اخبار' بھی اردو صحافت میں اہمیت کا حامل ہے۔ اس کے مدیر محبوب عالم انگریزوں سے سخت ناراض تھے اور ان کے خلاف بے خوف لکھتے تھے۔ اس کے علاوہ دوسرے اخبارات زمیندار، ہمدرد زمانہ وغیرہ اخبارات بھی اپنی ذمے داری اچھی طرح نبھا رہے تھے۔ مولانا حسرت موہانی کا نام بھی اس سلسلے میں اہمیت رکھتا ہے۔ وہ اردو کے مشہور شاعر، کامیاب مجاہد آزادی اور ذمے دار صحافی تھے۔ ۱۹۰۳ میں علی گڑھ سے حسرت موہانی نے 'اردوئے معلی' نکالا۔ یہ رسالہ ادبی اور سیاسی اعتبار سے بہت اہم تھا۔ وہ انگریزوں سے پوری طرح آزادی چاہتے تھے۔ مولانا چاہتے تھے کہ آزادی اور وطن سے متعلق جو جذبات انھیں بے چین رکھتے ہیں وہی جذبات ان کے ہم وطنوں میں بھی منتقل ہو جائیں اس کے لیے انھوں نے صحافت کا

راستہ اختیار کیا اور کئی بار جیل بھی گئے۔ ۱۹۰۸ میں 'اردوئے معلی' میں 'مصر میں انگریزوں کی پالیسی' کے عنوان سے ایک مضمون شائع ہوا حالانکہ یہ مضمون مولانا حسرت نے نہیں لکھا تھا۔ اس کے باوجود انھیں دو سال کی قید اور پانچ ہزار جرمانے کی سزا ہوئی۔ لیکن مولانا کے پاس اتنے پیسے نہ تھے کہ وہ جرمانہ ادا کر سکیں۔ لہٰذا حکومت نے ان کا کتب خانہ نیلام کر دیا۔ اتنا کچھ برداشت کرنے کے بعد بھی مولانا حسرت کی ہمت میں ذرّہ برابر کمی نہ آئی۔ بلکہ انگریزوں کے خلاف نفرت اور غصے میں مزید اضافہ ہو گیا۔ رہائی کے بعد ایک بار پھر مولانا نے 'اردوئے معلی' نکالا۔ لیکن مالی تنگی اور حکومت کی ناراضگی کے سبب اسے جلد بند کر دیا گیا۔ مولانا حسرت موہانی انگریزی حکومت کے خلاف جلسوں میں پرجوش تقریریں بھی کرتے تھے۔ جس کی بدولت انھیں قید بھی ہوئی بہرحال انھیں کئی مصیبتوں اور مشکلات کا سامنا کرنا پڑا لیکن آزادی کی تحریک میں وہ برابر شریک رہے۔

تحریک آزادی میں مولانا ابو الکلام آزاد نے بھی اہم رول ادا کیا۔ یہ تو نہیں کہا جاسکتا ہے کہ اگر مولانا آزاد نہ ہوتے تو ملک کو آزادی نہیں ملتی لیکن ہاں! اتنا ضرور ہے کہ اس تحریک کی رفتار اور سرگرمیوں کو کچھ کمی ضرور واقعہ ہوتی۔ مولانا آزاد کی خدمات تحریک آزادی میں سنہری حرفوں سے لکھنے کے لائق ہیں۔ ان کی بدولت مسلمانوں نے جنگ آزادی میں زیادہ سے زیادہ حصہ لیا۔ سرسید کی طرح مولانا آزاد بھی قوم کے خیر خواہ تھے۔ لیکن انھوں نے سرسید احمد خاں کی طرح مسلمانوں کو انگریزی حکومت کا وفادار بننے کی صلاح نہیں دی۔ بلکہ انھیں اس حکومت کے خلاف کھڑا ہونے کا درس دیا۔ مولانا آزاد کو اپنے ملک و قوم سے بہت ہمدردی تھی

اور یہی جذبہ انھیں کم عمری میں ہی صحافت کی طرف لے آیا۔ محض بارہ سال کی عمر میں "گلدستہ نیرنگ عالم" شائع کیا۔ ان کا تعلق تقریباً ایک درجن اخبارات سے رہا۔ ان کے سب سے مشہور و مقبول رسالے 'الہلال' اور 'البلاغ' بھی اہم ہیں۔ الہلال ۱۹۱۲ میں شائع ہوا لیکن جلد ہی اسے بند کرنا پڑا۔ ۱۹۱۵ میں البلاغ نکالا لیکن یہ اخبار محض پانچ مہینے بعد بند ہو گیا۔ ۱۹۲۷ میں الہلال ایک بار پھر جاری کیا۔ دراصل مولانا آزاد ان رسالوں کے ذریعے تحریک آزادی کے لیے راستہ ہموار کرنا چاہتے تھے۔ انھوں نے اسلامی تعلیمات کی مدد سے قومی تحریکات کی وضاحت کی اور اس بات سے مسلمانوں کو آگاہ کیا کہ وطن سے محبت ایمان کا لازمی جز ہے۔ مولانا ابوالکلام آزاد کی کوششوں کا نتیجہ تھا کہ ہندوؤں اور مسلمان مل کر آزادی کی تحریک میں حصہ لیا۔ یہی وجہ تھی کہ انگریزی حکومت کو ان اخبارات سے خطرہ محسوس ہونے لگا۔ انھوں نے اس پر طرح طرح کے جرمانے اور پابندیاں عائد کیں اور آخر ۱۹۲۷ میں ہمیشہ کے لیے بند کرنا پڑا۔

مختصر یہ کہ تحریک آزادی میں اردو زبان نے قربانیاں دیں۔ 'انقلاب زندہ باد'، 'سرفروشی کی تمنا'، جیسے پر جوش ولولہ خیز اور خون کو گرما دینے والے نعرے اسی زبان کی دین ہیں۔ جنگ آزادی میں حصہ لینے کی بدولت اردو کے کئی صحافیوں، شعرا اور ادیبوں کو طرح طرح سے ستایا گیا، انھیں اذیتیں دی گئیں۔ کئی لوگوں کو کالا پانی کی سزا ہوئی اور بعض لوگوں کو جلاوطن کر دیا گیا۔ اس کے باوجود بھی ان مجاہدین نے ہار نہیں مانی۔

اردو میں ایسی لاتعداد تحریریں موجود ہیں جن میں عام آدمی کو آزادی کی

جدوجہد میں شامل ہونے کی دعوت دی گئی۔ غرض اس زبان میں مولانا ابوالکلام آزاد جیسے آزادی کے متوالے بھی موجود ہیں جنھوں نے اپنی زندگی کا ایک تہائی حصہ قید میں گزارا اور محمد باقر جیسے جانباز بھی موجود ہیں۔ جنھوں نے حق کی خاطر اپنی جان نچھاور کر دی۔

***

۲

اردو زبان کے آغاز سے متعلق مختلف نظریات کا جائزہ

امتیاز احمد

کسی بھی زبان کے آغاز کی کہانی اس قوم کی تہذیب و تمدن، معاشرت و ثقافت، سیاست اور سماجیات کے ارتقا سے وابستہ ہوتی ہے۔ اس کی نشو ونما کسی خاص لمحے یا وقت میں نہیں ہوتی بلکہ یہ اپنی مستقل شکل اختیار کرنے سے پہلے مختلف مراحل سے گزرتی ہے جس کو رنگ روپ بخشنے اور نکھارنے میں مختلف عوامل اور عناصر کار فرما ہوتے ہیں۔ اردو زبان کو بھی وجود میں آنے سے پہلے مختلف مراحل سے گزرنا پڑا ہے۔ زبان کے اس ارتقائی سفر کے حوالے سے بات کرتے ہوئے ڈاکٹر جمیل جالبی اپنی 'کتاب تاریخ ادب اردو، جلد اول' میں لکھتے ہیں:

"مختلف تہذیبی عوامل، رنگارنگ قدرتی عناصر، مسلسل میل جول اور رسومِ معاشرت گھل مل کر رفتہ رفتہ صدیوں میں جاکر کسی زبان کے خدوخال اجاگر کرتے ہیں۔ بولی صدیوں میں جاکر زبان بنتی، اپنی شکل بناتی اور اپنا خد و خال اجاگر کرتی

ہے۔"(تاریخ اردو اردو، ص ۱)

مولانا سلیمان ندوی نے بھی زبان کے تشکیلی مراحل کو اپنی کتاب 'نقوشِ سلیمانی' میں اجاگر کیا ہے۔ وہ لکھتے ہیں:

" قوموں اور زبانوں کی تاریخ ایک دن میں نہیں بنتی، ان کا خمیر اٹھتے، مزاج بنتے اور ایک صورت پکڑتے صدیاں لگتی ہیں۔"(نقوشِ سلیمانی، ص:۱۰۰)۔

زبان کے ادبی معیار اور حیثیت کی تاریخ اس زبان کے آغاز سے شروع ہوتی ہے۔ ہر زبان کی طرح اردو کو بھی معاشرتی ضرورت اور سماجی اختلاط نے پیدا کیا جس میں دھیرے دھیرے تہذیبی خیالات اور ادبی تخلیقات کے لیے وسعت پیدا ہوتی گئی۔ انہی ضروریات و مقتضیات نے اردو کے وجود کو ممکن بنایا اور اس کے لیے ماحول سازگار بنایا اور اسے ایک ایسے معیار پر پہنچایا کہ اٹھارویں وانیسویں صدی میں متعدد ملکی و غیر ملکی علما نے ہندوستانی کے روپ میں اسے ملک کی عوامی زبان کا لقب دیا۔ اردو زبان کی تاریخ ایک طرح سے ہندوستان کی ہزار سالہ تاریخ ہے۔ اسی دور میں ہندوستان کی دوسری زبانوں کی بھی توسیع ہوئی۔ اس دوران ہندوستانی معاشرہ عروج وزوال اور تغیر و تبدل کے جن مراحل سے گزرا اس کا اثر یہاں کی ہر زبان و ادب پر پڑا یعنی تاریخی اور سماجی صورت حال نے کسی بولی اور زبان کو فروغ دیا تو کسی بولی وزبان کی نشوونما کو روک دیا۔ چنانچہ دسویں صدی کے بعد سے کچھ ایسی تاریخی صورت حال پیدا ہوئی کہ ہند آریائی زبانوں کے گروہ میں اس نئی زبان نے جنم لیا جسے آج اردو کہا جاتا ہے۔

اردو کا اصل مخرج و منبع کون سی زبان ہے؟ اس کا خمیر کس علاقے کی مٹی سے

تیار ہوا؟ اس کا رنگ و روپ کہاں تیار ہوا؟ یہ کچھ ایسے سوالات ہیں جن کا جواب دینے کے لیے ہمارے پاس نہ کوئی دستاویزی ثبوت ہے اور نہ ہی کوئی سائنٹفک حوالہ۔ اسی وجہ سے یہ مسئلہ ماہرینِ لسانیات کے نزدیک کافی پیچیدہ رہا ہے۔ لہٰذا اردو زبان کے دوسری قدیم زبانوں کے ساتھ تقابلی مطالعہ، قواعد، لفظیات، تراکیب اور اس کے لب و لہجے کے تجزیے کی روشنی میں ماہرینِ لسانیات اور ادبا نے مختلف نظریات پیش کیے ہیں۔

سید سلیمان ندوی اپنی کتاب 'نقوشِ سلیمانی' میں اردو کو سندھ کی پیداوار قرار دیتے ہیں۔ ان کے مطابق مسلمان سب سے پہلے محمد بن قاسم کی قیادت میں ایک بڑی تعداد میں سندھ میں داخل ہوئے اور اس کو فتح کر کے اسلامی حکومت کے ایک ریاست بنایا۔ مسلمان تقریباً تین سو سال تک سندھ میں قیام پذیر رہے۔ ان کے اور مقامی باشندوں کے اختلاط اور میل جول سے ایک نئی زبان کا وجود ہوا۔ سید سلیمان ندوی اپنی کتاب میں زبان کی پیدائش کے مختلف اسباب و وجوہات کا ذکر کرتے ہوئے لکھتے ہیں:

"اس میل جول سے جو زبان بنی اس کا پہلا نمونہ ہم کو ۷۶۲ھ میں فیروز شاہ تغلق کے عہد میں سندھ میں ملتا ہے۔" (نقوشِ سلیمانی، ص ۲۵۲)

سید سلیمان ندوی اپنے نظریے کی تائید میں جو دلائل پیش کرتے ہیں وہ گرچہ اس لحاظ سے درست ہیں کہ مسلمانوں نے سندھ کی تہذیب و تمدن اور معاشرت پر اپنے اثرات مرتب کیے اور وہاں کی سندھی زبان پر بھی اثر انداز ہوئے لیکن اس کا یہ مطلب نہیں کہ عربی اور سندھی کے اختلاط سے اردو وجود میں آئی البتہ یہ بات

درست ہے کہ مسلمانوں نے اردو کی ترویج وترقی، حلقہ اثر کی وسعت اور اس کو علمی وادبی رنگ وروپ دینے میں بڑا اہم کردار ادا کیا ہے جیسا کہ ماہر لسانیات سنیتی کمار چٹرجی اپنی کتاب 'ہند آریائی اور ہندی' میں لکھتے ہیں:

"اگر مسلمان ہندوستان میں نہ آتے تو جدید ہند آریائی زبانوں کے ادبی آغاز و ارتقامیں دوایک صدی کی تاخیر ضرور ہوتی۔" (ہند آریائی اور ہندی، ص ۱۷۹)۔

مسلمان جس حیثیت سے بھی ہندوستان میں داخل ہوئے ہوں انھوں نے اسے اپنا وطن سمجھا اور یہیں کی مٹی میں گھل مل گئے البتہ مسلمان تعداد میں بہت تھوڑے تھے اس لیے وہ اپنی زبان مقامی لوگوں پر نافذ نہ کر سکے لہٰذا انھوں نے یہاں کی کسی مقامی بولی کو اپنایا اور اسے اپنے خیالات واحساسات کا ذریعہ اظہار بنایا اور اس میں عربی و فارسی الفاظ داخل کیے۔ اس طرح مقامی اثرات اور مسلمانوں کے لسانی وتہذیبی اختلاط وامتزاج سے اس بولی نے ایک نیا رنگ وآہنگ اختیار کرلیا جس نے رفتہ رفتہ مختلف ناموں مثلاً ہندوی، ہندوستانی، گجری، دکنی اور ریختہ کے ناموں سے مقبول عام ہوتی ہوئی اردو کا روپ دھارلی۔

اردو کی جائے پیدائش کا دکنی حوالہ دیتے ہوئے نصیر الدین ہاشمی اپنی کتاب 'دکن میں اردو' میں دکن کو اردو کا اصل منبع ومخرج قرار دیتے ہیں۔ نصیر الدین ہاشمی استدلال میں کہتے ہیں کہ مسلمان سب سے پہلے سندھ کے علاوہ سواحلِ مالابار اور کارومنڈل پر بھی نمودار ہوئے تھے جن کا مقصد سیر و تفریح کے علاوہ کاروبار اور تجارت کو فروغ دینا بھی تھا جس کے حصول کے لیے سماجی روابط ضروری تھے لہٰذا سماجی روابط اور اختلاط بڑھتے گئے۔ اس سماجی اختلاط اور میل جول نے ایک نئی زبان

کے وجود کو ممکن بنایا جو موجودہ اردو کی قدیم شکل تھی۔ چنانچہ وہ لکھتے ہیں:

"برج بھاشا میں عربی، فارسی، ترکی، انگریزی اور پرتگالی الفاظ مل ملا کر ایک نئی زبان مروج ہو گئی جو شاہ جہاں کے زمانے میں اردوئے معلیٰ کے مبارک نام سے نامزد ہوئی اور تیمور کے زمانے میں ہندو مسلمانوں کے ربط ضبط اور روزانہ مراسم نے جنوبی ہند میں بھی ایک زبان کی بنیاد ڈالی جسے آج تک دکھنی کے لفظ سے یاد کرتے ہیں۔" (دکن میں اردو، ص:۵)

نصیر الدین ہاشمی نے اپنے نظریے کی تائید میں مسلمانوں کی آمد کے علاوہ دوسرے منطقی اور مستند شواہد پیش نہیں کیے، جس سے یہ معلوم ہوتا ہے کہ ان کا نظریہ محض قیاس آرائی پر مبنی ہے۔ دوسری بات یہ ہے کہ دکنی بذات خود ایک زبان ہے جس میں نثری و شعری جواہر پارے موجود ہیں لہٰذا اردو کو دکنی کی قدیم شکل قرار دینا درست نہیں۔

ماہرِ لسانیات محمد حسین آزاد نے برج بھاشا کو اردو زبان کی بنیاد اور سرچشمہ قرار دیا ہے۔ وہ اپنی کتاب 'آبِ حیات' میں لکھتے ہیں: "اتنی بات ہر شخص جانتا ہے کہ ہماری اردو زبان برج بھاشا سے نکلی ہے اور برج بھاشا خاص ہندوستانی زبان ہے"۔ (آب حیات، ص:١٦) محمد حسین آزاد کا خیال ہے کہ مسلمانوں کی زبان فارسی اور ترکی تھی اور ہندوؤں کی زبان برج بھاشا اس لیے ان دو زبانوں کے آپسی میل جول اور اختلاط سے اردو زبان پیدا ہوئی۔ حسین آزاد اپنے نظریے کی وجہ سے بہت مشہور بھی ہوئے اور ایک زمانے تک اربابِ اردو اور علمائے نقد و تنقید نے اسی کو حرفِ آخر تصور کیا۔ برج بھاشا دلی کے قرب وجوار میں بولی جانے والی زبانوں میں

خاص اہمیت کی حامل تھی۔ یہ آگرہ کی زبان تھی جو کہ مسلمانوں کا پایہ تخت بھی رہا۔ اس کے علاوہ اردو کے قدیم شعری نمونوں خاص کر امیر خسرو کے کلام پر اس کا گہرا اثر نظر آتا ہے۔ ان تمام وجوہات کی بنا پر محمد حسن آزاد نے یہ قیاس کر لیا کہ اردو کی بنیاد برج بھاشا ہے حالانکہ جب ہم برج بھاشا اور اردو کے بنیادی ڈھانچوں کا تقابلی مطالعہ کرتے ہیں تو محسوس ہوتا ہے کہ اردو کا برج بھاشا سے ماں بیٹی کا رشتہ نہیں بلکہ بہنوں کا رشتہ ہے مثلاً اردو کے تمام اسما، افعال، صفات اور ضمائر الف پر ختم ہوتے ہیں جبکہ برج بھاشا میں 'او' پر ختم ہوتے ہیں۔ برج بھاشا کا تعلق مغربی ہندی کی ان بولیوں سے ہے جو واؤ بولیاں کہلاتی ہیں جبکہ اردو کا رشتہ الف والی بولیوں مثلاً ہریانی اور کھڑی بولی سے ہے۔

محمد حسین آزاد کے نظریے کو سب سے پہلے محمود شیرانی نے یہ کہتے ہوئے رد کیا کہ اردو اور برج بھاشا کا تعلق ماں بیٹی کا نہیں بلکہ ان کا رشتہ بہن بہن کا ہے۔ محمود شیرانی اپنی کتاب 'پنجاب میں اردو' میں رقمطراز ہیں:

"ہم اردو کو برج بھاشا کی بیٹی سمجھتے رہے ہیں لیکن جب ان دونوں زبانوں کی صرف و نحو، دوسرے خدوخال اور خصائص پر غور کیا جاتا ہے تو ہم دیکھتے ہیں کہ ان کے راستے مختلف ہیں۔ اردو جہاں اپنے اسما و افعال کو الف پر ختم کرتی ہے، برج واو پر ختم کرتی ہے۔ برج میں جمع کا طریقہ بہت سادہ اور سہل ہے لیکن اردو میں بہت پیچیدہ ہے۔" (پنجاب میں اردو، ص: الف)۔

محمود شیرانی محمد حسین آزاد کے نظریے کو مسترد کرتے ہوئے کہتے ہیں کہ اردو کی اصل جائے پیدائش پنجاب ہے اور یہ پنجاب سے ہی دہلی میں وارد ہوئی وہ

لکھتے ہیں:

"اردو دہلی کی قدیم زبان نہیں ہے بلکہ وہ مسلمانوں کے ساتھ دہلی جاتی ہے اور چونکہ مسلمان پنجاب سے ہجرت کر کے جاتے ہیں اس لیے ضروری ہے کہ وہ پنجاب سے کوئی زبان اپنے ساتھ لے کر گئے ہوں۔" (پنجاب میں اردو، ص:ب)

محمود شیرانی اپنے نظریے کو ثابت کرنے کے لیے کچھ تاریخی شواہد پیش کرتے ہیں اور ساتھ ہی ساتھ ان لسانی خصوصیات کی طرف اشارہ بھی کرتے ہیں جو پنجابی اور قدیم اردو کے درمیان مشترک تھیں۔ وہ دونوں زبانوں کی تذکیر و تانیث، واحد و جمع، اسماو افعال اور قواعد پر تقابلی بحث کرتے ہوئے لکھتے ہیں:

"ان کی تذکیر و تانیث اور جمع اور افعال کے تصرف کا اتحاد اسی ایک نتیجے کی طرف ہماری رہنمائی کرتا ہے کہ اردو اور پنجابی زبانوں کی ولادت گاہ ایک ہی مقام ہے۔ دونوں نے ایک ہی جگہ تربیت پائی ہے اور جب سیانی ہو گئی ہیں تب ان میں جدائی واقع ہوئی ہے۔" (پنجاب میں اردو، ص:۱۷)

اس بات میں کوئی شک نہیں کہ شیرانی کا نظریہ کسی روایتی قیاس یا محض خیالی مفروضے پر منحصر نہیں ہے بلکہ انھوں نے اپنا نظریہ تاریخی شواہد و دلائل کے پس منظر میں لسانی تجزیہ کرتے ہوئے پیش کیا ہے جس کی تائید لندن یونیورسٹی میں لسانیات پر تحقیق کرتے ہوئے ڈاکٹر محی الدین قادری زور نے اپنی کتاب ہندوستانی فونٹکس میں کی ہے۔ ڈاکٹر زور کے مطابق اردو کا سنگ بنیاد اصل میں مسلمانوں کی فتح دہلی سے بہت پہلے رکھا جا چکا تھا یہ اور بات ہے کہ اس نے اس وقت تک ایک مستقل زبان کی حیثیت حاصل نہیں کی تھی جب تک کہ مسلمانوں نے اس شہر کو اپنا

پایہ تخت نہ بنالیا۔ ان کے علاوہ انگریزی کے مستند عالم ٹی گراہم بیلی، جارج گریرسن نے بھی شیرانی کے نظریے کی تائید کی ہے جبکہ شیر علی سرخوش پہلے ہی اپنے تذکرہ اعجاز سخن میں اس قسم کے خیالات کا اظہار کر چکے تھے۔

محمود شیرانی کا یہ نظریہ بنیادی طور پر دو وجوہات کے تحت سے معرضِ وجود میں آیا۔ ایک یہ کہ اردو نے عربی و فارسی سرمایے سے اخذ و استفادہ کیا ہے۔ ہندوستان کی دیگر بولیوں اور زبانوں کے مقابلے اردو میں عربی و فارسی کے الفاظ کثیر تعداد میں ہیں۔ ان الفاظ کی فراوانی کو دیکھ کر شیرانی صاحب نے یہ خیال کر لیا کہ اردو اسلامی دور میں اسلامی اثرات سے وجود میں آئی اور اس کی ابتدا کا تعلق ہندوستان میں مسلمانوں کی آمد اور ان کے اقتدار و قیام سے جوڑ دیا۔ یہ وجہ اپنے آپ میں غیر مدلل ہے کیونکہ ہر زبان اپنے دور کی دوسری زبانوں سے اخذ و استفادہ کرتی ہے، الفاظ و کلمات کو اپنے دامن میں جگہ دیتی ہے اور اس کے قواعد و ڈکشن کو فراخ دلی سے قبول کرتی ہے لیکن یہ ضروری نہیں کہ اس کا وجود ان زبانوں کے اثرات کی وجہ سے ہوا ہو۔ دوسری وجہ یہ کہ مسلمانوں کا وہ سرپرستانہ اور مربیانہ سلوک و برتاؤ ہے جس نے اس زبان کو سینے سے لگایا اور نوک پلک سنوار کر اس قابل بنایا کہ اس کے ذریعے شعری و نثری خیالات کا اظہار ہو سکے، اس میں علمی و فنی کتابیں لکھی جا سکیں۔ یہ وجہ بھی غیر عقلی اور منطقی ہے کیونکہ مسلمانوں کے سیاسی اقتدار، سرپرستی اور دہلی میں آمد سے پہلے بھی وہاں ایک زبان موجود تھی اور بازار میں بولی جاتی تھی۔

مسعود حسین خان اس دور کی مختلف بولیوں کے تقابلی اور لسانی مطالعے کے

تناظر میں شیرانی کے نظریے کو غیر مستند قرار دیتے ہیں۔ ان کے مطابق شیرانی نے قدیم اور دکنی اردو کی جن خصوصیات کی نسبت پنجابی کی طرف کی ہے وہ دراصل دہلی اور اس کے ارد گرد کی بولیوں میں موجود تھیں چنانچہ قدیم اردو کا پنجابی پن اس کا ہریانی پن بھی ہے لہٰذا قدیم اردو کے اس ہریانی پن کو نظر انداز کر کے صرف اس کے پنجابی پن پر زور دینا درست نہیں۔

مسعود حسین خان شیرانی کے نظریے کی تردید کرتے ہوئے اردو کی اصل اور سرچشمہ کو دہلی اور اس کے قرب وجوار کی بولیوں میں تلاش کرتے ہیں۔ ان کے مطابق نواح دہلی کی چار بولیوں (ہریانی، کھڑی بولی، برج بھاشا، میواتی) نے اردو کے نوک پلک، لب ولہجہ اور ہیئت وساخت کی تراش خراش میں بہت اہم کردار ادا کیا ہے۔ ہریانی اور کھڑی بولیوں نے اردو کی تشکیل اور تعمیر میں اہم کردار ادا کیا جبکہ برج اور میواتی بولیوں نے اس کے معیاری لب ولہجہ اور ہیئت وساخت کو سنوارا۔ لہٰذا قدیم اردو کی تشکیل براہ راست ہریانی سے ہوئی جبکہ جدید اردو کھڑی بولی پر مبنی ہے۔ مسعود حسین خان ان بولیوں اور ان کے قدیم تحریری مواد کے تجزیے کے بعد یہ نتیجہ اخذ کرتے ہیں:

"قدیم اردو کی تشکیل براہِ راست دو آبہ کی کھڑی اور جمنا پار کی ہریانوی کے زیرِ اثر ہوئی ہے اور جب سولھویں صدی میں آگرہ دارالسلطنت بن جاتا ہے اور کرشن بھگتی کی تحریک کے ساتھ برج بھاشا عام مقبول زبان ہوتی ہے تو سلاطینِ دہلی کے عہد کی تشکیل شدہ زبان کی نوک پلک برجی محاورے کے ذریعے درست ہوتی ہے۔" (مقدمہ تاریخ زبان اردو، ص:۲۳۶)۔

مسعود حسین خان اپنی کتاب میں دہلی اور نواحِ دہلی کی بولیوں کے دوسری بولیوں کے ساتھ منطقی اور لسانی تجزیے کے بعد قطعیت کے ساتھ لکھتے ہیں:

"زبان دہلی و پیرامنش اردو کا اصل منبع و سرچشمہ ہے اور حضرت دہلی اس کا حقیقی مولد و منشا۔"

(مقدمہ تاریخ زبان اردو، ص:۲۶۲)

لفظ پیرامنش سے مراد دہلی اور اس کے نواح کی چار بولیاں ہیں جن میں ہریانی، کھڑی بولی، برج بھاشا، میواتی شامل ہیں۔ کھڑی بولی کی دو شکلیں ہیں ایک وہ جو دو آبہ گنگ و جمن کے بالائی علاقے یعنی سہارنپور، مظفر نگر اور میرٹھ میں بولی جاتی ہے جبکہ دوسری شکل گنگا پار کے بجنور، رام پور اور مراد آباد کے علاقے میں بولی جاتی ہے۔ مسعود حسین خان نے انہی علاقوں میں بولی جانے والی کھڑی بولی کو اردو سے قریب ترین قرار دیا ہے۔ انھوں نے اپنے نظریے کے استدلال میں کھڑی بولی، ہریانی اور دکنی کی صوتی اور صرفی کئی مماثلتیں اور مثالیں پیش کی ہیں۔ ان میں سے چند درج ذیل ہیں۔

ہریانی اور قدیم دکنی دونوں میں جھ، بھ، چھ، دھ وغیرہ کا تلفظ سہل اور سادہ ہوتا ہے جیسے بھی (بی)، مجھ (مج)۔

ہریانی اور دکنی میں جمع بنانے کا طریقہ مشترک ہے جیسے غریباں، جھوٹاں، اونٹاں۔

دکنی کے ضمائر ہریانی سے زیادہ قریب ہیں جیسے متکلم جمع ہم اور ہمیں حاضر جمع تَم اور تمھیں ہریانی، جبکہ تُم دکنی۔

دکنی اردو کی طرح کھڑی بولی میں بھی درمیانی 'ہ' گرا دی جاتی ہے اور نفسی آوازیں اپنی ہیئت کھو دیتی ہے جیسے وہ (وو)، کہاں (کاں)، کبھی (کبی)۔

معیاری اردو کے بر عکس کھڑی بولی ڑ اور ڑھ کی جگہ ڈ اور ڈھ کو ترجیح دیتی ہے جیسے بوڑھا (بڈھا)، گڑھا (گڈھا)، پڑھ (پڈھ)، چڑھ (چڈھ)۔

مسعود حسین خان دہلی اور نواحِ دہلی کی زبانوں کے صوتی و صرفی تقابل کے وقت دکنی کا ذکر تو کرتے ہیں لیکن اپنے نظریے کو صرف نواحِ دہلی تک محدود رکھتے ہیں جس سے ایک طرح کا ذہنی تضاد جھلکتا ہے۔ اسی طرح اردو کی ارتقائی شکل کے حوالے سے مسعود حسین نے جتنے بھی صوفیائے کرام کا ذکر کیا ہے۔ ان سب کے توسط سے انھوں نے شعوری طور پر صرف اور صرف شیرانی کے نظریے کی تردید کی ہے جس سے معلوم ہوتا ہے کہ ان کا مقصد اور نصب العین صرف شیرانی کے نظریے کی تردید تھی جس وجہ سے انھوں نے دہلی اور نواحِ دہلی کی بولیوں کے علاوہ کسی اور بولی پر توجہ نہیں دی۔ اس کا واضح ثبوت خود مسعود حسین خان کے درج ذیل الفاظ سے مل جاتا ہے:

"زبانِ دہلی پورب اور دکن کے علاوہ پنجاب میں بھی اپنا گھر کر رہی تھی جس کا بیّن ثبوت گرونانک، نامدیو اور کبیر جیسے سنتوں کا کلام ہے، یعنی ایک طرف فارسی عربی کے عام مروجہ الفاظ کی آمیزش اور دوسری جانب ان لسانی اثرات کو قبول کرنا جو دہلی کے سر چشمے سے پھوٹ کر ہندوستان کے چاروں طرف پھیل رہے تھے۔" (مقدمہ تاریخ زبان اردو، ص:۶۸)

اردو کی ابتدا کو دہلی اور نواحِ دہلی میں تلاش کرنے والے نظریہ سازوں میں

شوکت سبزواری بھی ہیں۔ انھوں نے اردو کے متعلق موجودہ تمام نظریات پر مدلل اور سیر حاصل گفتگو کے بعد یہ نظریہ دیا کہ اردو کھڑی بولی سے ترقی پا کر بنی ہے جو دہلی اور میرٹھ کے ارد گرد گیارہویں صدی میں بولی جاتی تھی۔ چنانچہ وہ اپنی کتاب 'داستانِ زبانِ اردو' میں رقمطراز ہیں:

"ہندوستانی کے مولد کے بارے میں کوئی اختلاف نہیں، سب متفقہ طور سے اسے دہلی اور میرٹھ کی زبان بتاتے ہیں، اردو اس کی ادبی شکل ہے۔ اس زبان کو یہ نام بعد میں اس وقت دیا گیا جب مسلمانوں کی سرپرستی میں بول چال کی زبان سے ترقی کر کے اس نے ادب و شعر کی زبان کا درجہ پایا۔" (داستان زبان اردو، ص: ۳۹)۔

شوکت سبزواری براہ راست مسعود حسین کے نظریے کی تنقید تو نہیں کرتے لیکن مغربی ہندی کی بولیوں کو ذہنی تجرید اور منطقی اپج قرار دے کر مسترد کرتے ہیں اور اپ بھرنش کو اردو اور پراکرت کی درمیانی کڑی قرار دیتے ہیں جو دہلی اور میرٹھ میں گیارہویں صدی عیسوی میں بولی جاتی تھی۔ وہ لکھتے ہیں:

"اردو اور پراکرت کی درمیانی کڑی اپ بھرنش ہے، اس لیے مغربی ہندی کو درمیان سے نکال کر یہ کہنا کہ اردو اپ بھرنش سے ارتقا پا کر وجود میں آئی زیادہ صحیح ہے۔"

(داستان زبان اردو، ص:۷۹)

ڈاکٹر سہیل بخاری اور پروفیسر گیان چند جین شوکت سبزواری کے نظریے سے متفق نظر آتے ہیں۔ ڈاکٹر سہیل بخاری 'نقوش' کے شمارہ ۱۰۲ میں اردو و ہندی

پر تفصیلی گفتگو کرنے کے بعد کھڑی بولی کو اردو کا اصل ماخذ قرار دیتے ہوئے لکھتے ہیں:

"دراصل اردو اور ہندی ایک ہی زبان کے دو روپ ہیں جسے ماہرین علم زبان نے کھڑی بولی کا نام دیا ہے۔ ان کے موجودہ روپوں میں دو فرق واضح ہیں۔ ایک لپی اور دوسرا دخیل لفظ... اس نقطہ نظر سے ہندی اور اردو کی تاریخ ایک ہی ہے خاص کر کھڑی بولی کی قدیم تاریخ، اردو زبان کا بھی ایسا ہی اہم حصہ ہے جیسا ہندی زبان کا۔" (نقوش، شمارہ: ۱۰۲، ص:۴۸)۔

پروفیسر گیان چند جین بھی شوکت سبزواری کے نظریے سے متفق نظر آتے ہیں۔ وہ اپنی کتاب 'حقائق' میں لکھتے ہیں:

"اردو کے آغاز کو دو منزلوں میں ڈھونڈنا چاہیے۔ اولاً کھڑی بولی کا آغاز، دوسری کھڑی بولی میں عربی فارسی لفظوں کا شمول جس کا نام اردو ہو جاتا ہے۔" (حقائق، ص:۰۶۳)

پروفیسر صاحب ایک دوسری جگہ لکھتے ہیں:

"میں شوکت سبزواری اور سہیل بخاری سے اتفاق کرتے ہوئے کہتا ہوں کہ لسانیاتی نقطہ نظر سے اردو ہندی اور کھڑی بولی ایک ہیں۔ اردو کھڑی بولی کا وہ روپ ہے جس میں عربی فارسی الفاظ کی قدر زیادہ اور تت سم سنسکرت الفاظ تقریباً نہیں کے برابر ہوتے ہیں لیکن اس خصوصیت کے باعث اردو کھڑی بولی سے علیحدہ زبان نہیں ہو جاتی۔" (حقائق، ص:۸۵۳)۔

شوکت سبزواری نے اردو اور کھڑی بولی کے متعلق جو دلائل اور وضاحتیں دی

ہیں ان میں کچھ مستند اور منطقی تو ہیں لیکن اپ بھرنش، قدیم مغربی ہندی اور ہندوستانی وغیرہ سے متعلق ان کی بہت سی توضیحات اور مباحث کافی گنجلک، مبہم اور متضاد ہیں۔ کبھی وہ اردو کے ارتقا کو براہ راست کھڑی بولی اور ہندوستانی سے جوڑنے کی کوشش کرتے نظر آتے ہیں تو کبھی بول چال کی اپ بھرنش اور قدیم مغربی ہندی کی بولیوں میں اردو کی اصل تلاش کرتے دکھائی دیتے ہیں۔ مزید یہ کہ سہیل بخاری کی تائید پرانی ہے جسے انھوں نے بعد میں باطل قرار دے کر مسترد کیا ہے اور ایک دوسرا نیا نظریہ پیش کیا ہے جس کا تعلق اڑیا سے ہے۔ وہ لکھتے ہیں:

"اردو سنسکرت سے الگ تھلگ اور آزاد ٹھیٹھ ہندوستانی یا دراوڑی بولی ہے جو جنم جنم سے اس دیس میں بولی جا رہی ہے۔ اب رہی بات کہ آج کل کی سب ہندوستانی بولیاں پراکرتوں سے نکلی ہیں سو یہ ناموں کا پھیر ہے جنھیں کل پراکرت کہتے تھے وہی آج بھاشائیں کہلاتی ہیں۔" (اردو کا روپ، ص:۳۵)۔

مذکورہ بالا نظریات کے دلائل و شواہد کا جب ہم بچشمِ غور مطالعہ کرتے ہیں اور ان کی منطقی و عقلی توضیح کرتے ہیں تو ہمیں دو بنیادی باتیں نظر آتی ہیں ایک یہ کہ مسلمانوں کی آمد سے یہاں ایک نئی زبان کا وجود ہوا۔ سید سلیمان ندوی سے لے کر شوکت سبزواری تک ہر ایک کے استدلال میں یہ بات نمایاں نظر آتی ہے۔ دوسری یہ کہ اس زبان نے مختلف عہد میں یہاں کی دیگر بولیوں سے اخذ و استفادہ کیا اور ان کے اثرات بھی لیے۔ یہ بات بھی ہمیں ان مذکورہ بالا شخصیات اور ماہرِ لسانیات کے یہاں پوری شد و مد اور حوالے کے ساتھ دکھائی دیتی ہے۔ احتشام حسین اپنی کتاب 'ہندوستانی لسانیات کا خاکہ' میں اردو زبان کے ماخذ کے حوالے سے

جیولز بلاک، محی الدین قادری زور اور سنیتی کمار چٹرجی کے خیالات پر سیر حاصل بحث کے بعد لکھتے ہیں:

"جس نئی زبان کا ڈھانچہ عربی فارسی الفاظ اور آوازوں کے اختلاط سے بن رہا تھا اس میں پنجابی، ہریانی اور کھڑی بولی ہر ایک کو شریک سمجھنا چاہیے۔ ابتدا میں پنجابی اور کھڑی بولی میں صرف تدریجی فرق رہا ہو گا۔ بعد میں ایک بولی پنجابی بن گئی، دوسری کھڑی بولی، اس لیے یہ کہنا درست ہو گا کہ اردو نہ تو پنجابی سے مشتق ہے اور نہ کھڑی بولی سے بلکہ اس زبان سے جو ان دونوں کا مشترک سر چشمہ تھی۔" (ہندوستانی لسانیات کا خاکہ، ص:٦٥)

سید احتشام حسین اپنی دوسری کتاب 'اردو ادب کی تنقیدی تاریخ' میں سید سلیمان ندوی، سہیل بخاری اور شوکت سبزواری کے نظریات پر بحث کرتے ہوئے اس بات پر زور دیتے ہیں کہ کسی ایک بھاشا یا بولی نے اردو زبان کے لب و لہجہ، ہیئت و ساخت اور قواعد و لفظیات کو جنم نہیں دیا بلکہ مختلف بولیوں نے اس کو سنوارنے، نکھارنے اور ادبی شکل عطا کرنے میں اپنا کردار ادا کیا ہے۔ وہ لکھتے ہیں:

"دلی کے چاروں طرف بولی جانے والی کئی بولیوں میں فارسی، عربی کے لفظوں سے ملنے اور مغربی ہندی کی اس بولی میں جسے کھڑی بولی کہا جاتا ہے، نکھری ہوئی شکل اختیار کرنے سے ایک نئی زبان کا ارتقا ہوا۔ ابتدا میں اس پر پنجابی کا اثر زیادہ رہا لیکن دھیرے دھیرے کھڑی بولی ہی اردو کی شکل میں واضح ہوتی گئی۔ تاریخی اسباب سے اپنی ضروریات کے مطابق اس نے فارسی، عربی اور سنسکرت کے ذخیرہ لغات سے بھی کام لیا۔ اس کی موجودہ بنیاد کھڑی بولی ہے مگر ایک زندہ زبان ہونے

کے باعث ان سبھی زبانوں کے الفاظ آگئے ہیں جن سے اس کا ربط ضبط ہے۔" (اردو ادب کی تنقیدی تاریخ، ص ۷۱-۸۱)۔

زبان کی اس فطرت اور نوعیت کو مد نظر رکھتے ہوئے محمد حسن آزاد نے بھی اپنی کتاب قدیم اردو ادب کی تنقیدی تاریخ، میں ایک متوازن نظریے کا اظہار کیا ہے۔ وہ لکھتے ہیں کہ:

" کسی ایک مذہب کی کوئی ایک زبان نہیں ہوتی۔ مسلمان کے لفظ سے صرف مذہب کی پہچان ہوتی ہے، زبان اور تہذیب کی بناوٹ میں مذہب کے علاوہ دوسرے کئی عناصر شامل ہوتے ہیں اس لیے ضروری ہے کہ اردو زبان و ادب کے سلسلے میں مسلمان کے بجائے ترک، ایرانی اور افغان اثرات کا ذکر کیا جائے جو مذہبی نہیں تہذیبی اکائیاں تھیں جن کا ملاپ ہندوستان میں رہنے والی مختلف تہذیبی اکائیوں سے ہوا۔" (قدیم اردو ادب کی تنقیدی تاریخ، ص:۹)

درج بالا تمام نظریات کے جائزہ اور منقطی توضیح و تفہیم کے بعد ہم اس نتیجے پر پہنچتے ہیں کہ کسی ایک نظریے کو دوسرے پر ترجیح دینا یا دوسرے سے مستند قرار دینا درست نہیں۔ ہمارے پاس ایسے دستاویزی ثبوت اور دلائل نہیں جن کی بنیاد پر کسی نظریے کو ہر طرح کے شک وشبہے اور خیالی مفروضے سے مبرّا بتایا جاسکے۔ کسی ایک نظریہ کو مستند نہ ٹھہرانے کی ایک وجہ یہ بھی ہے کہ کوئی بھی زبان کسی مخصوص لمحے کی پیداوار نہیں ہوتی بلکہ وہ مختلف علاقوں کی بولیوں کی لفظیات، صوتیات، صرفیات اور مارفیمات سے اخذ و استفادہ کرتی ہے اور ان کے اثرات کو بخوشی قبول کرتی ہے۔ اردو زبان بھی ان مراحل و کیفیات سے دوچار ہوئی اور

ہندوستان کی مختلف بولیوں مثلاً گجری، دکنی، پنجابی، ہریانی، میواتی، برج اور کھڑی سے مستفید ہوتی ہوئی اردو کی ایک مستقل و معیاری شکل و صورت بنی ہے۔ نیز کسی ایک نظریہ ساز کو دوسرے پر فوقیت اس لیے بھی نہیں دی جاسکتی کہ ہر زمانے اور عہد کے وسائل و ذرائع کی نوعیت اور رسائی ایک جیسی نہیں ہوتی۔ اس لیے قوی امکان یہ بھی ہے کہ محمد حسین آزاد کے زمانے میں جتنے مواد اور ذرائع تک رسائی ممکن رہی ہو انھوں نے ان سبھی تک پہنچنے کی کوشش کی ہو۔ اسی طرح مسعود حسین کے زمانے میں اس سے زیادہ مواد اور دستاویزات کی فراہمی و حصولیابی سہل تھی تو انھوں نے ان کی روشنی میں اپنا نظریہ پیش کیا۔

حوالہ جات

۱: ڈاکٹر جمیل جالبی: تاریخ ادب اردو (جلد اول)، ایجوکیشن بک ہاؤس، علی گڑھ، ۱۹۹۳

۲: مولانا سید سلیمان ندوی۔ نقوشِ سلیمانی، مطبوعہ معارف پریس، علی گڑھ، ۱۹۸۰

۳: ڈاکٹر سنیتی کمار چٹرجی۔ ہند آریائی اور ہندی، ترقی اردو بیورو، نئی دہلی، ۱۹۸۳

۴: نصیر الدین ہاشمی: دکن میں اردو، نظام دکن پریس، حیدر آباد، ۱۹۲۴

۵: محمد حسین آزاد: آب حیات (ڈیلکس ایڈیشن)، ایچ ایس آفیسٹ پرنٹرس، دہلی، ۲۰۱۴

۶: حافظ محمود شیرانی: پنجاب میں اردو، اتر پردیش اردو اکادمی، لکھنؤ، ۱۹۸۲

۷ : پروفیسر مسعود حسین خان: مقدمہ تاریخ زبان اردو(جدید ایڈیشن)، ایجوکیشن بک ہاؤس، علی گڑھ ۱۹۵۴

۸ : ڈاکٹر شوکت سبزواری: داستان زبان اردو، چمن بکڈپو، اردو بازار دہلی، ۱۹۶۱

۹:ڈاکٹر سہیل بخاری،'اردو کا قدیم ترین ادب'مشمولہ نقوش، شمارہ ۱۰۲، ص: ۸۴، مئی ۱۹۶۵.

۱۰:ڈاکٹر سہیل بخاری:اردو کا روپ، پبلشر بشیر احمد چوہدری، ۱۹۷۱

۱۱:پروفیسر گیان چند جین۔ حقائق، نیشنل آرٹ پریس، الہ آباد،۱۹۷۸

۱۲ : جان بیمز۔ ہندوستانی لسانیات کا خاکہ، مترجم، سید احتشام حسین، دانش محل، امین الدولہ پارک، لکھنؤ،۱۹۷۱

۱۳ : محمد حسن۔ قدیم اردو ادب کی تنقیدی تاریخ (اٹھارویں صدی تک)، دوسرا ایڈیشن، اترپردیش اردو اکادمی، لکھنؤ، ۲۰۰۵

***

۳

اردو زبان کی ترویج و اشاعت میں صوفیائے دکن کا حصہ

احمد

اردو برصغیر میں عام بول چال کی وہ زبان ہے جس کا قدیم ہند آریائی زبان سے بڑا گہرا رشتہ رہا ہے۔ ہندوستان میں رابطے اور بول چال کی زبان کے طور پر اس کی ترویج و اشاعت مسلمانوں کی آمد سے بھی پہلے کا واقعہ قرار دیا جاسکتا ہے۔ لیکن اس دور میں ارباب اقتدار اور اہل علم و دانش نے اس کی طرف کوئی خاص توجہ نہیں دی۔ ہندوستان کے طول و عرض میں اس زبان کے ابتدائی نمونے متعدد علاقوں میں مختلف شکلوں میں شہہ پاروں کی صورت بکھرے نظر آتے ہیں۔ اردو زبان کی ایک اہم خاصیت رہی ہے کہ وہ جس علاقے میں گئی وہاں کے علاقائی اثرات کو قبول کر کے ایک نئی راویت کی بنیاد گزار بنی۔ اردو زبان کی اس کشادہ قلبی کا اثر یہ ہوا کہ ہر علاقے میں اس کا رنگ و آہنگ ایک دوسرے سے قدرے مختلف اور جداگانہ رہا۔ اس میں جذب و ادغام کا ایک لطیف رشتہ ہمیشہ موجود رہا جس نے قومی وحدت

اور مذہبی ہم آہنگی کا راستہ ہموار کیا۔ اپنے مختلف رنگ و اسلوب اور لب و لہجے کی وجہ سے مختلف علاقوں میں اس کا نام بھی مختلف رہا۔ زبان کے نام میں اختلاف کی وجہ یہی ہے کہ علاقائی اثرات کو قبول کرنے کی وجہ سے اردو کا رنگ و روپ متعدد علاقوں میں جداگانہ رہا۔ اردو زبان کو اس کے تاریخی پس منظر کی بنا پر مختلف ناموں مثلاً ریختہ، ہندوی، ہندوستانی، اردو اور اردوئے معلی جیسے ناموں سے تعبیر کیا گیا۔

تاریخی حقائق سے معلوم ہوتا ہے کہ جس دور میں مسلمانوں کے سیاسی، سماجی اور معاشرتی اثرات ہندوستانی تہذیب و ثقافت سے ہم آہنگ ہو رہے تھے اسی دور میں اردو زبان مقامی محاوروں اور کہاوتوں میں استعمال کی جا رہی تھی۔ اردو زبان کی تاریخ کا مطالعہ اس بات کا شاہد ہے کہ ابتدا میں اشرافیہ کے بڑے طبقے نے اسے نا قابلِ اعتنا سمجھا کیونکہ ان کے درمیان فارسی جیسی متمول زبان رائج تھی۔ یہ اشرافیہ طبقہ تھا جس کی زبان عربی اور فارسی تھی۔ تیسرا گروہ ان انسان دوست صوفیا کا تھا جن کی آمد نے انسانیت اور اردو زبان کو بہت کچھ دیا۔ صوفیا نے لوگوں کے دلوں میں جگہ بنائی اور اردو نے ذہنوں میں۔ انھوں نے اردو کو بڑے پیمانے پر اپنایا اور عوام میں اپنی تعلیمات کو پہونچانے کا ذریعہ بنایا۔ وہ اردو کو اپنے خیالات کی تبلیغ و اشاعت کا ایک بہترین ذریعہ اور وسیلہ سمجھتے تھے۔ اس کی ظاہر وجہ یہ ہے کہ یہ زبان عوام میں بولی اور سمجھی جاتی رہی ہو گی۔ لہٰذا اس کے توسط سے عوام سے مکالمہ کرنا آسان تھا۔ تبلیغ و ارشاد کے با معنی اور مفید مقصد کو حاصل کرنے کے لیے کسی نئی یا اجنبی زبان کو اپنانا کارلاحاصل تھا۔ اس بات سے یہ واضح ہوتا ہے کہ ہندوستان میں اردو زبان کی بنیاد بہت قدیم ہے اور اس کے تشکیلی دور میں صوفیا کا کردار

ناقابل فراموش ہے۔ یہ اور بات ہے کہ صوفیا کے کلام اور ان کے ملفوظات سے ادبی تخلیقیت اور لفظوں کے خلاقانہ استعمال کی کوئی زندہ اور توانا روایت نہیں ملتی لیکن ایک زبان کی حیثیت سے اردو کی ترویج و اشاعت میں ان کا کردار مثالی ہے۔ صوفیا کی ابتدائی کوششیں نہ ہوتیں تو شاید اردو زبان وادب اور اسلوب و آہنگ کی زندہ اور توانا روایتیں بھی نہ ہوتیں۔

اردو زبان کے تشکیلی دور میں صوفیا کی تحریری سرگرمیوں، ملفوظات اور تواریخ میں محفوظ ان کے اقوال کو نظر انداز نہیں کیا جاسکتا ہے۔ بلاشبہ زبان کی تعمیر و ترقی، ترویج و اشاعت صوفیا کا مطمحِ نظر نہیں تھا بلکہ عوامی زبان کی طرف ان کا میلان تبلیغی اور اصلاحی مقاصد کے پیش نظر تھا۔ صوفیا کے ارادت مندوں میں عوام اور خواص دونوں ہی ہوتے ہیں۔ یہ صوفیا سے تعلق کا نتیجہ ہی تھا کہ اردو زبان کے بعض محاورے اور روزمرہ کی کہاوتیں ان مصنفین کی کتابوں میں بھی جگہ پا جاتی ہیں جو اپنی نگارشات فارسی میں رقم کیا کرتے تھے۔ امثال کے طور پر ابوالفرج، خواجہ مسعود سعد سلمان، منہاج سراج، ضیائ الدین برنی، شمس سراج عفیف اور امیر خسرو وغیرہ کی فارسی تصانیف میں بہت سے اردو یا ہندوی الفاظ کا بے تکلف استعمال ہوا ہے۔

اردو زبان کی تشکیل کے تعلق سے سب سے پہلا نام مسعود سعد سلمان لاہوری (۱۰۴۶-۱۱۲۱) کا لیا جاتا ہے۔ انھیں ہندوی کا پہلا شاعر مانا جاتا ہے۔ ۲

امیر خسرو کے مطابق ان کا ایک ہندوی دیوان بھی تھا جو آج مفقود ہے۔ امیر خسرو فارسی کے شاعر تھے لیکن 'دیباچۂ غرۃ الکمال' سے معلوم ہوتا ہے کہ انھوں

نے تفریح طبع کے طور پر ہندوی زبان میں بھی کچھ شاعری ضرور کی ہے۔ ۳

امیر خسرو سے بہت سی معروف پہیلیاں اور کہہ مکرنیاں منسوب ہیں جن میں سے اکثر کی استنادی حیثیت مشکوک ہے۔ امیر خسرو کے علاوہ حضرت نظام الدین اولیا کے ایک اور مرید امیر حسن کی ایک غزل اور خواجہ قطب الدین بختیار کاکی، شیخ فرید الدین مسعود گنج شکر، شیخ حمید الدین ناگوری، خواجہ نظام الدین اولیا، شیخ شرف الدین بو علی قلندر پانی پتی، شیخ شرف الدین یحیٰی منیری وغیرہ کے ارشادات وملفوظات اور بیاضوں میں بھی اس زبان کے ابتدائی نقوش اور تشکیلی عناصر دیکھے جاسکتے ہیں۔

یہ ایک مسلمہ تاریخی حقیقت ہے کہ جنوبی ہندوستان ایک طویل مدت تک شمالی ہند سے الگ تھلگ رہا ہے۔ جنوبی ہند میں عرب تاجر اور مبلغ کی حیثیت سے اور ترک فاتح کی حیثیت سے داخل ہوئے۔ جو اپنی زبان اور روایات بھی ساتھ لائے۔ شمالی اور جنوبی ہندوستان کے سیاسی، سماجی اور معاشرتی روابط کا آغاز جنوبی ہند میں علائی الدین خلجی اور اس کے سپہ سالار ملک کافور کے حملوں سے شروع ہوا جو محمد بن تغلق اور اورنگ زیب کے عہد تک جاری رہا۔ ان کے حملوں اور فتوحات کے سبب بڑے پیمانے پر آمد و رفت کے علاوہ تہذیبی لین دین کی راہیں استوار ہوئیں۔ محمد تغلق کی وفات کے بعد جب تغلق سلطنت کمزور ہوگئی تو دکن میں بہمنی سلاطین کو عروج حاصل ہوا اور امیر تیمور کے حملے کے بعد گجرات بھی آزاد ہوگیا اور نتیجتاً مظفر شاہ نے وہاں اپنی سلطنت کی بنیاد رکھی۔ دکن کی ان دونوں ریاستوں کی تاریخ کے تحقیقی مطالعے سے معلوم ہوتا ہے کہ دکن کے سلاطین کے

عہد میں اردو زبان و ادب کو فروغ حاصل ہوا تھا۔ اس عہد کی ادبی اور تخلیقی سرگرمی میں جن شعرا کا ذکر کیا گیا ہے ان میں فخر الدین نظامی بیدری کے علاوہ سبھی صوفی ہیں اور ان صوفیا کی تحریری کاوشیں مذہبی نوعیت کی ہیں۔ جن میں شیخ بہاالدین باجن (۱۳۸۸-۱۵۰۶) کی تصنیف 'خزائن رحمت اللہ' فارسی نثر میں ہے۔ اس کتاب کے 'خزینۂ ہفتم' میں شیخ باجن کا صوفیانہ کلام بھی شامل ہے۔ ۴

قاضی محمود دریائی (۱۴۶۹-۱۵۳۴) کا کلام بھی صوفیانہ رنگ میں ڈوبا ہوا ہے۔ شاہ علی محمد جیو گام دھنی (م ۱۵۶۵) شاہ ابراہیم کے بیٹے تھے۔ جیو گام دھنی کے مجموعے کا نام 'جواہر اسرار اللہ' ہے۔ شیخ خوب محمد چشتی (م ۱۶۱۴) اسی زمانے کے نامور صوفی شاعر اور گجرات کے صوفیائے کبار میں سے ہیں۔ فارسی زبان اور انشا پر انھیں مہارت حاصل تھی۔ ان کی اردو مثنوی 'خوب ترنگ (۱۵۷۸)' بڑی شہرت کی حامل ہے۔ شیخ خوب محمد چشتی کی تصنیف 'امواج خوبی' جو کہ فارسی نثر میں ہے دراصل اسی مثنوی کی شرح ہے۔ خوب محمد چشتی کا ایک منظوم رسالہ 'چھند چھنداں' بھی خاصا مشہور ہے۔ اس رسالے میں فارسی عروض کو ہندوی عروض کے توسط سے سمجھانے کی کوشش کی گئی ہے۔ شاہ باجن، قاضی محمود دریائی، شاہ علی جیو گام دھنی اور خوب محمد چشتی نویں اور دسویں صدی ہجری کے صوفی شعرا میں شمار کیے جاتے ہیں۔ ۵

دسویں صدی ہجری کے اواخر اور گیارھویں، بارھویں صدی ہجری میں شیخ احمد گجراتی، سید محمد مہدی، میاں مصطفی، عالم گجراتی، محمد فتح بلخی وغیرہ قابل ذکر شعرا ہیں۔ یہ تمام شعرا گجرات سے تعلق رکھتے ہیں اور ان کی ادبی روایت 'گجری روایت'

کہلاتی ہے۔

حضرت خواجہ گیسو دراز بندہ نواز کی دکن تشریف آوری سے دکن میں دکنی اردو کی تحریری تخم ریزی ہوئی۔ آپ کے خلیفہ میراں جی شمس العشاق (م ۱۴۹۶) کو اردو لکھنے والوں میں اولیت حاصل ہے۔ ان کا تعلق خواجہ بندہ نواز گیسو دراز کے سلسلے سے تھا۔ آپ شاہ کمال الدین بیابانی کے خلیفہ تھے۔۶ خوش نامہ، خوش نغز، شہادت التحقیق اور مغز مرغوب ان کی نظمیں ہیں۔ 'شہادت التحقیق' میراں جی کی ایک طویل نظم ہے جس میں انھوں عام لوگوں کی تفہیم کے لیے معرفت اور شریعت و طریقت کے مسائل قرآن و حدیث کی روشنی میں آسان اور سادہ زبان میں بیان کیے ہیں۔ سید اشرف بیابانی (۱۴۵۹-۱۵۲۸) کی تین تصانیف دستیاب ہیں: 'لازم المبتدی'، 'واحد باری' اور 'نو سرہار' میں اردو زبان کے ابتدائی نقوش نمایاں طور پر نظر آتے ہیں۔

شاہ برہان الدین جانم، میراں جی شمس العشاق کے فرزند ارجمند اور خلیفہ تھے۔۷ ان کا مفصل حال نامعلوم ہے۔ ایک اندازے کے مطابق ان کا انتقال ۱۵۸۲ کے بعد ہوا۔ شاہ برہان الدین جانم اپنے وقت کے بڑے عارف باللہ اور برگزیدہ بزرگوں میں شمار ہوتے ہیں۔ 'کلمۃ الحقائق' اور 'رسالۂ وجودیہ' ان کی نثری کتابیں ہیں۔ ان کا منظوم کلام 'وصیت الہادی'، 'بشارت الذکر'، 'فرمان از دیوان'، 'حجۃ البقا'، 'ارشاد نامہ'، 'منفعت الایمان'، 'نکتۂ واحد' اور 'سکھ سہیلا' کی شکل میں ملتا ہے۔ ان کی نظم وصیت الہادی ایک مربوط و مسلسل نظم ہے جس کے اوزان ہندوی ہیں لیکن عربی فارسی کے الفاظ کی تعداد دورِ ماقبل کی بہ نسبت زیادہ نظر آتی ہے جو

کہ عربی فارسی کی وہ اصطلاحات ہیں جو تصوف میں رائج ہیں۔

جانم کی نثری تصنیف 'کلمۃ الحقائق' میں شریعت و طریقت کے مسائل بیان کیے گئے ہیں۔ اس کتاب میں ہندوی اور فارسی طرز احساس میں جو کشمکش چل رہی تھی وہ بہت نمایاں ہے۔ ان کی نثر کا نمونہ ملاحظہ کیجیے:

"توں بندہ خدا تھے تو فعل تیرے وہ بھی خدا تھے جسے تیری طاقت میں آو تاو کار کمال قدرت غالب آتی خدا است و نہ بینی کہ در کار دنیا نفسانی جھد کوشش تدبیر قوی دیکھلا تاو در کا خدائی یعنی کاہلی می کند انصاف نہ شوی در خور۔"۸

شہباز حسینی قادری بیجاپوری (م ۱۶۰۶) ہدایت اللہ حسینی کے پوتے اور خواجہ بندہ نواز گیسو دراز کی اولاد سے تھے۔۹ ان کا کلام بہت کمیاب ہے جس کی وجہ سے ان کے بارے میں کوئی رائے قائم کرنا مشکل امر ہے۔ البتہ دستیاب کلام سے اندازہ ہوتا ہے کہ ان کا موضوع بھی تصوف ہے اور کلام میں عربی اور فارسی الفاظ کا تناسب بھی بڑھ گیا ہے۔

اس دور کے صوفی شعرا میں شیخ برہان الدین جانم کے دو مرید شیخ داول اور شیخ محمود خوش دہاں کے علاوہ ان کے پوتے شاہ امین الدین عالی بھی اہمیت کے حامل ہیں۔ ان صوفیا کے کلام کی اہمیت یہ ہے کہ اس سے صوفی طرز تحریر میں زبان کے ارتقائی مراحل کا علم ہوتا ہے۔ شمس العشاق میراں جی کا اسلوب گجری و ہندوی روایت سے عبارت ہے۔ برہان الدین جانم بھی بنیادی طور پر اسی روایت کے پیرو ہیں لیکن ان کے کلام میں فارسیت کی چمک اجاگر ہے۔ جانم کا یہی اسلوب شیخ داول، شیخ محمود الحق خوش دہاں اور امین الدین عالی کے یہاں اور بھی صاف و شستہ

ہو گیا ہے۔

شیخ غلام محمد داول (م ۱۶۵۷) نے اپنے متصوفانہ خیالات کے اظہار کے لیے اردو زبان کو وسیلہ بنایا۔ ان کا پیشہ کتابت تھا۔ ان کی چار نظمیں چہار شہادت، کشف الانوار، کشف الوجود اور 'ناری نامہ' ہیں۔ شیخ داول نے 'خیال' میں بھی طبع آزمائی کی ہے اور ان کے کئی 'خیال' دستیاب ہیں۔ شیخ داول نے عموماً برہان الدین جانم کے خیالات کی تشریح سے سروکار رکھا ہے۔ ان کا اظہار بیان کسی حد تک جدید اسلوب سے قریب ہے۔

شیخ محمود الحق خوش دہاں، شاہ ابوالحسن قادری کے بھانجے اور شاہ بدرالدین حبیب اللہ کے نواسے تھے۔ ۱۰ بیجاپور میں پیدا ہوئے اور بیدر میں نانا کے یہاں پرورش و پرداخت ہوئی۔ بیجاپور آکے برہان الدین جانم کے مرید ہو گئے اور ان کی وفات کے بعد ان کے بیٹے امین الدین عالی کے اتالیق بھی ہوئے۔ ان کا ایک اردو رسالہ دستیاب ہے جس کے مرتب حمید الدین شاہد ہیں اور انھوں نے اس رسالے کو 'رسالۂ محمود خوش دہاں بیجاپوری' کا نام دیا ہے۔ ان کی اردو نثر خاصی نکھری ہوئی معلوم ہوتی ہے۔ اس کے چند جملے بطور نمونہ درج کر دیے جائیں تو مضائقہ نہ ہو گا:

"اول ذکر جلی اللہ کا ناؤں ظاہر کے اعضا سوں، ذکر قلبی باطن کی زبان سوں ہمیشہ، بعد ازاں ذکر روحی مشاہدہ اس طریق سوں۔ اول مرشد کی صورت دل میں مقابلہ پکڑنا، اس صورت کوں دیکھنا۔ سو روح کا نظر ہے۔ اس دل میں یوں بولنا کہ صورت کوں دیکھتا سو کون۔ کیا نظر پاک ہے۔ عجیب لطیف بعد ازاں اس صورت پر تے نظر ثابت کرنا۔ علاحدہ نظر معلق رکھنا۔" ۱۱

شاہ امین الدین عالی (۱۵۸۲-۱۶۷۵)، برہان الدین جانم کے بیٹے]۱۲[اور شیخ خوش دہاں کے شاگرد تھے۔ شاہ امین الدین عالی کی کئی تصانیف ہیں جن میں 'محب نامہ'، 'رموز السالکین'، 'کلام اعلیٰ' نظم میں اور 'گفتار حضرت امین'، 'وجودیہ' اور 'کلمۃ الاسرار' نثری تصانیف ہیں۔ امتداد زمانہ کے ساتھ ساتھ زبان و بیان میں جو تبدیلیاں رونما ہوئیں شاہ امین الدین عالی کا کلام ان تغیرات کا مظہر ہے۔ ان کی زبان ہمارے لیے قدرے مانوس ہے۔ یہی انداز اور اسلوب ان کے گیتوں اور دوہروں میں بھی ہے۔

امین الدین عالی کی تصنیف 'وجودیہ' میں نثر کی ترتیب، تنظیم، ربط، جملوں کی ساخت اور بیان کا تسلسل خوش دہاں کی نثر سے زیادہ نمایاں ہے۔ ان کی نثر میں فاعل، مفعول اور فعل کی نشست ماضی کی نثر کے بالمقابل زیادہ باقاعدہ ہے۔ مثال کے طور پر 'وجودیہ' کا درج ذیل اقتباس ملاحظہ کیجیے:

"علوی کے مرتبے چار ہیں۔ سفلی کے مرتبے چار ہیں۔ اول مرتبہ علوی۔ مرتبۂ چہارم سفلی۔ مرتبۂ اول مقام شہود۔ مرتبۂ دوم مقام محبت۔ مرتبۂ سیوم مقام حال۔ مرتبۂ چہارم سفلی۔ مرتبۂ اول تنگی لذت۔ دویم شہوت۔ سیوم خطرات نیک بتعلق دل۔ چہارم ممتنع دیگر عروج و نزول آدمیاں کا۔"۱۳

'گفتار شاہ امین الدین اعلیٰ' اور 'کلمۃ الاسرار' بھی ان کی نثری تصانیف ہیں۔ 'کلمۃ الاسرار' بہ طریق سوال و جواب لکھی گئی ہے۔

قطب شاہی دور میں اردو ادب شروع سے ہی غیر مذہبی میلان کا حامل رہا ہے۔ اس کے باوجود دو صوفی بزرگ ایسے ہیں جن کی نثری تصانیف کو نظر انداز نہیں کیا

جا سکتا ہے۔ اس کے ذکر کے بغیر دکن میں اردو ادب اور صوفیائے کرام کی خدمات کا جائزہ نامکمل کہلائے گا۔ اس عہد میں میراں جی حسین خدانما کی نثری تصانیف 'چہار وجود'، 'شرح تمہیدات ہمدانی' اور 'قربیہ' کے علاوہ میراں یعقوب کی تصنیف 'شمائل الاتقیا' بڑی اہمیت کی حامل ہیں۔

میراں جی حسین خدانما (۱۵۹۵-۱۶۶۳) عبداللہ قطب شاہ کی سرکار میں پیشے سے سواروں کے جمعدار تھے۔ وہ بیجاپور کے دربار میں قطب شاہی سلطنت کے سفیر بھی رہے۔ انھوں نے اپنی تعلیمات کی تبلیغ و اشاعت کے لیے تین کتابیں تالیف کیں۔ وہ اپنی تصنیف 'چہار وجود' میں سوال و جواب کی صورت میں متصوفانہ مضامین کی تشریح پیش کرتے ہیں۔ 'تمہیدات ہمدانی' عربی کی مشہور تصنیف ہے جسے ابوالفضائل عبداللہ بن محمد عین القضاۃ ہمدانی (م ۱۱۳۸) نے تحریر کیا تھا۔ ۱۴خواجہ بندہ نواز گیسو دراز (م۱۴۲۱) نے فارسی میں اس کتاب کی شرح لکھی۔ میراں جی حسین خدانما نے گیسو دراز کی اسی فارسی شرح کو 'شرح تمہیدات ہمدانی' کے نام سے بہ زبان دکنی تحریر کیا۔ اس دور میں میراں جی حسین خدانما کے شاگرد میراں یعقوب کی تصنیف 'شمائل الاتقیا' کا ذکر بھی ناگزیر ہے۔ میراں یعقوب کی نثر میں سادگی اور پُرکاری دونوں کا حسین امتزاج پایا جاتا ہے۔ یہی وجہ ہے کہ ان کی نثر تبلیغی مقاصد کو پورا کرنے کے ساتھ ساتھ ادبیت کے تقاضوں کو بھی اپنے اندر سموئے ہوئے ہے۔ نمونے کے طور پر درج ذیل اقتباس ملاحظہ کیجیے:

"جھوٹ کیوں ہے۔ جوں چودویں رات کا چاند۔ جوں جوں دن جاتے تیوں تیوں کم ہوتا۔ ہور سچ جوں پہلا چاند ہے۔ روز روز روشن ہوتا ہے۔"۱۵

اوپر پیش کیے گئے اقتباس میں تبلیغ کا دلنشین انداز اور نثر کا ادبی حسن اپنی طرف توجہ مبذول کراتا ہے۔ صاحب کتاب نے متصوفانہ اور شرعی اصطلاحات کو بھی اردو کے قالب میں ڈھالا ہے۔ مثال کے طور پر وحدت کا ترجمہ 'ایک پنا'، دوئی کا 'دو پنا'، کثرت کے لیے 'بہوت پنا'، آدمیت کے لیے 'آدمی پنا'، خودی کے لیے 'میں پنا' وغیرہ۔ اس مضمون میں میرے پیش نظر حضرات صوفیا کی تالیفات اور اردو کی تشکیل میں ان کے کردار کا جائزہ لینا ہے اس لیے میں نے ان مذہبی تصنیفات سے صرف نظر کیا ہے جن مصنّفین کا تعلق جماعت صوفیا سے نہیں ہے۔ ورنہ قطب شاہی سلطنت میں دیگر مذہبی تصانیف بھی لکھی گئیں جن کے مصنّفین کا شمار صوفیا میں نہیں ہوتا ہے۔

حاصل کلام یہ ہے کہ اردو زبان کی ابتدائی تشکیل اور ترسیل میں صوفیائے دکن کی تحریری و تقریری سرگرمیاں بڑی اہمیت کی حامل ہیں۔ دکن کے صوفیا نے اردو زبان کی ترویج و اشاعت میں جو گراں قدر کارنامہ انجام دیا ہے وہ ناقابلِ فراموش ہے۔ بہتر سماج کی تشکیل میں صوفیا کے روحانی کردار کے ساتھ ان کی لسانی خدمات کو بھی منظر عام پر لانا چاہیے۔ بلاشبہ ان کے ارشادات و ملفوظات کا لسانی مطالعہ اس پُر آشوب دور میں لسانی کدورتوں کو مٹانے میں معاون ثابت ہو گا۔

حواشی:

۱. مقالات حافظ محمود شیرانی (جلد اول)، شیرانی، مظہر محمود، مجلس ترقی ادب: لاہور، طبع دوم، ۱۹۶۶، ص: ۶۲ تا ۷۳

۲. تاریخ ادب اردو (جلد اول)، جالبی، جمیل، ایجوکیشنل پبلشنگ ہاؤس: دہلی،

طبع پنجم، ۱۹۹۳، ص ۲۳

.۳ دیباچۂ غرۃ الکمال، امیر خسرو، مترجم: لطیف اللہ، گلشن اقبال، کراچی، سنہ ندارد، ص ۱۳۳

.۴ تاریخ ادب اردو (جلد اول)، ص ۱۰۶

.۵ ایضاً، ص: ملخص ۱۰۷ تا ۱۲۹

.۶ اردو کی ابتدائی نشو و نما میں صوفیائے کرام کا کام، عبدالحق، مولوی، انجمن ترقی اردو ہند: اردو گھر، نئی دہلی، ۱۹۸۸، ص ۳۴

.۷ ایضاً، ص ۴۵

.۸ تاریخ ادب اردو (جلد اول)، ص ۲۱۱

.۹ ایضاً، ص ۲۲۷

.۱۰ ایضاً، ص ۳۰۵

.۱۱ ایضاً، ص ۳۰۷

.۱۲ اردو کی ابتدائی نشو و نما میں صوفیائے کرام کا کام، ص ۵۰

.۱۳ تاریخ ادب اردو (جلد اول)، ص ۳۱۵

.۱۴ ایضاً، ص ۴۹۸

.۱۵ ایضاً، ص ۵۰۲

***

۴

ہندوستانی آئین میں اردو زبان کا مقام

آفتاب عالم

انسانی زندگی میں زبان کی اہمیت

انسان فطری طور پر معاشرے میں ایک ساتھ زندگی گزارنا پسند کرتا ہے اسی وجہ سے بنی نوعِ انسان نے موجودہ معاشرے کی تشکیل کی ہے۔ زبان انسانی تعلق کا ایک اہم جز ہے۔ اگرچہ تمام انواع کے جاندار کے رابطے کے طریقے الگ الگ ہیں لیکن انسان کے رابطے کا ذریعہ صرف زبان ہے۔ زبان میں معاشرے کو بنانے اور تباہ کرنے دونوں کی طاقت ہے۔ انسان کی زندگی میں زبان کی اہمیت نا قابلِ تردید ہے کیوں کہ جذبات، احساسات اور نظریات کے اظہار اور آپسی تعامل اور تہذیب و تمدن کے تحفظ اور ترسیل کا واحد ذریعہ زبان ہے۔ زبان ہی ہے جو انسان کو تمام جاندا رسے ممتاز کرتی ہے اور اہم، بے مثال اور اعلی ترین مخلوق بناتی ہے۔ زبان صرف ذریعہ مواصلات ہی نہیں بلکہ جب ہم بات کرتے ہیں، پڑھتے اور لکھتے ہیں یہاں تک کہ جب ہم سماج بنانے کے عمل میں ہوتے ہیں، گاڑی چلاتے ہیں یا تجارت

کرتے ہیں ہر جگہ زبان کو کسی نہ کسی شکل میں استعمال کرتے ہیں۔ یہ کہنا بجا ہو گا کہ زندگی کے ہر پہلو میں زبان شامل ہے۔ زبان کی اصطلاحی تعریف یہ کی جاسکتی ہے کہ زبان الفاظ، علامتوں، نشانیوں، آوازوں، اشاروں کا ایک نظام ہے جس کا استعمال ایک طبقہ، قوم اور ایک ثقافت کے لوگوں میں عام ہوتا ہے۔

زبان اور ثقافت

زبان اور ثقافت میں ایک گہرا ربط ہے اور دونوں کے مابین جز اور کل کا رشتہ ہے۔ ہر زبان کسی نہ کسی مخصوص قوم اور لوگوں کی جماعت کی نشاندہی کرتی ہے اور اس کی ثقافت کا اظہار اسی زبان کے ذریعے ہوتا ہے۔ جب ہم کسی دوسری زبان والے کے ساتھ بات چیت کرتے ہیں تو اس کا مطلب یہ ہے کہ ہم اس ثقافت کے ساتھ بات چیت کرتے ہیں۔ دنیا کی کسی بھی ثقافت تک رسائی اور اس کی سمجھ بغیر اس کے متعلق زبان کے نہیں ہوسکتی۔ کراچ (۱۹۹۱) نے کہا ہے کہ زبان اور ثقافت دونوں لازم اور ملزوم ہیں اور ایک ہی سکے کے دو رخ ہیں۔ زبان اور ثقافت دونوں ہی انسانی زندگی کے لازمی جز ہیں نیز زبان ثقافت کا تعین کرتی ہے اور اس پر اثر انداز ہوتی ہے۔ ثقافت کے بغیر زبان مردہ ہے اور زبان کے بغیر ثقافت کی کوئی شکل نہیں ہوگی۔ زبان انسان کی شخصیت اور اس کی تہذیب و ثقافت کا لازمی جز ہے جس کا کردار نوع انسانی کو وحشت سے نکال کر معاشرتی زندگی میں لانے میں اہم ہے۔ ایک نسل سے دوسری نسل تک تہذیب و ثقافت اور علوم و فنون منتقل کرنے میں زبان کا رول نا قابل فراموش اور نا قابل تردید ہے۔

اردو زبان اور اس کی مقبولیت

اردو زبان خالص ایک ہندوستانی زبان ہے جس میں اتنی شیرینی ہے کہ اس کو محبت کی زبان کہا جاتا ہے اور اس کی ابتدا بھی غزل اور عشق و عاشقی کی شاعری سے ہوئی ہے۔ آزادی سے پہلے اور اس کے بعد بھی اس زبان کی مقبولیت میں کبھی کمی نہیں آئی بلکہ بر صغیر کی نہایت مقبول اور ہندوستان کی آئینی زبانوں میں سے ایک ہے۔اس زبان پر عربی اور فارسی کے اثرات ہونے کے باوجود ہندی کی طرح ایک ہند آریائی زبان ہے جس کی پیدائش اور ترقی برّ صغیر ہند میں ہوئی۔ اردو اور ہندی دونوں جدید ہند آریائی زبانیں ہیں اور دونوں کی اساس یکساں ہے، صوتی اور قواعدی سطح پر دونوں زبانیں اتنی قریب ہیں کہ ایک زبان معلوم ہوتی ہیں لیکن طریقۂ استعمال اور رسم الخط کی سطح پر دونوں میں فرق نمایاں ہے۔

اردو جنوبی ایشیا کی اہم اور بڑی عوامی زبانوں میں سے ایک ہے اور روز بہ روز اس کی مقبولیت میں اضافہ ہی ہو رہا ہے۔ حقیقت میں یہ زبان عوامی تہذیب کی سطح پر ترسیل کا ذریعہ ہے اور فلموں، ڈراموں اور تمام طرح کے تفریحی پروگرام میں وسیع پیمانے پر استعمال کی جاتی ہے۔ اس کے باوجود کہ اردو دنیا کی نئی زبانوں میں سے ایک ہے لیکن اپنے پاس معیاری ادب اور اس کا ایک وسیع ذخیرہ رکھتی ہے اور خصوصاً جنوبی ایشیائی زبانوں میں یہ اپنی شاعری کے حوالے سے مشہور اور معروف ہے۔

ہندوستان میں زبان کی پالیسی

ہندوستان کی تاریخ گواہ ہے کہ اس ملک میں زبان، تہذیب و تمدن، نسل، مذہب اور ذات وغیرہ کا تنوع نہایت ہی قدیم اور مضبوط ہے۔ تنوع اس ملک کی شناخت ہے اور اس کثیر ثقافتی اور کثیر لسانی معاشرے میں موجود امن وشانتی اور بھائی چارے کی وجہ ہے کہ تنوع میں وحدت کے لیے دنیا میں ہندوستان کی مثال دی جاتی ہے۔ آزادی کے بعد مجلس دستور ساز نے آئین ہند میں بھی اس تنوع کا پاس و لحاظ رکھا۔ عہد قدیم اور عہد وسطی نیز عہد جدید میں بھی ہندوستان کے مختلف علاقوں میں مختلف حکمرانوں کی حکومت ہونے کی وجہ سے مختلف زبانیں بولی جاتی تھیں۔ اس ملک میں افراد بیک وقت کئی زبانیں استعمال کرتے ہیں مثلاً ایک زبان معاشرے میں دوسری زبان آفس میں اور تیسری زبان مذہبی معلومات اور رسومات میں۔ تاریخی طور پر اکثر ممالک میں یہ دیکھا گیا ہے کہ ہمیشہ مذہبی رسومات، عدالت اور اشراف کی زبان، تعلیم اور ادب و ثقافت کی زبان اور گھر اور معاشرے کی ایک زبان ہوتی ہے اور اعلی تعلیم اور اشراف کی زبان کا ہی غلبہ رہتا ہے لیکن ہمارا ملک ہندوستان اس معاملے میں منفرد ہے کیوں کہ ہندوستان میں ہر ۶۰-۸۰ کیلو میٹر میں زبانیں بدل جاتی ہیں اور کسی ایک زبان کا غلبہ بھی نہیں ہے۔ ویدک عہد میں رابطے کی زبان سنسکرت تھی، اس کے بعد پالی، عہد وسطی میں فارسی اور پھر اردو اور انگریزوں کے دور میں انگریزی اور آزادی کے بعد ہندوستان کے مختلف حصوں میں ہندی کے ساتھ اردو بھی رابطے کی زبان ہے۔

آئین ہند

یہ آئین جمہوریہ ہند کا دستور اعلی اور دنیا کا سب سے ضخیم تحریری دستور ہے جس میں جمہوریت کے بنیادی سیاسی نکات اور حکومتی اداروں کے ڈھانچے، طریقہ کار، اختیارات اور ذمے داریوں نیز شہریوں کے بنیادی حقوق، رہنما اصول اور ان کی ذمے داریاں شامل ہیں۔ اس دستور کا معمار اعظم ڈاکٹر بھیم راؤ امبیڈکر ہیں جو آئین ہند کی مجلس مسودہ سازی کے صدر تھے۔ آئین ہند کے مطابق دستور کو موجودہ پارلیمان پر فوقیت حاصل ہے لہذا پارلیمان اس دستور کو معطل نہیں کر سکتی ہے۔ آئین ہند کو مجلس دستور ساز نے ۲۶ نومبر ۱۹۴۹ کو تسلیم کیا اور ۲۶ جنوری ۱۹۵۰ کو نافذ کیا۔ نفاذ کے وقت یہ دستور ۲۲ ابواب، ۸ درج فہرست اور ۳۹۵ پر مشتمل تھا اور جنوری ۲۰۱۹ کے ڈاٹا کے اعتبار سے ۱۰۳ ترمیم کے بعد اس دستور میں ۲۵ ابواب، ۱۲ درج فہرست اور ۴۴۸ ہیں۔ اس ملک کے عاملہ، مقننہ اور عدلیہ کو اختیار اسی دستور سے ملتا ہے اور سب اسی کے پابند ہیں۔

دستور ہند کی دفعہ ۲۱ اور ۲۱ اے

دفعہ ۲۱ کے تحت اس ملک کے ہر شہری کو اپنی زندگی اور ذاتی آزادی کے تحفظ کا حق حاصل ہے۔ قانون کے ذریعے قائم کردہ طریقہ کار کے علاوہ کسی بھی شخص کو اس کی زندگی اور ذاتی آزادی سے محروم نہیں کیا جا سکتا ہے۔ دفعہ ۲۱ اے شہریوں کو یہ بنیادی حق دیتا ہے کہ ریاست چھ سے چودہ سال کی عمر کے بچوں کو مفت اور لازمی تعلیم مہیا کرے اور اس کے لیے ریاست قانون بنا سکتی ہے۔ قومی تعلیمی پالیسی ۲۰۲۰ میں چودہ کی عمر کو بڑھا کر ۱۸ کر دیا ہے۔ اب اس میں اسکول کی مکمل تعلیم

آجاتی ہے جو مفت اور لازمی اس ملک کے ہر بچے کو دی جائے گی۔

دونوں دفعات سے یہ استخراج ہوتا ہے کہ اس ملک کا ہر شہری اپنی مرضی سے جینے اور آزادی سے جینے کا بنیادی اور آئینی حق رکھتا ہے اور اس آزادی سے جینے میں اپنے تہذیب و تمدن، ثقافت اور ریتی رواج کے ساتھ جینا شامل ہے۔ ۲۰۰۹ میں Right to Education (آر ٹی ای) ایکٹ پاس ہوا جس کا مقصد اس ملک کے ہر بچے کو مفت اور لازمی اسکول کی تعلیم دینا ہے۔ لہٰذا وہ اپنے آئینی حقوق، ذمے داریاں اور تہذیب و تمدن، ثقافت اور ریتی رواج اور اس کی اہمیت سے بخوبی واقف ہو جائیں گے اور ان کے تحفظ کے لیے اقدامات بھی اٹھا سکیں گے۔ جس فرد اور شہری کی تہذیب و تمدن، ثقافت کا حصہ اردو زبان ہے وہ صرف اس کے ساتھ جینے پر اکتفانہ کر کے اس کے تحفظ کے لیے اپنے آئینی حقوق کا استعمال اور اقدامات بھی اٹھائیں گے۔

ہر مذہب اس کی تعلیمات کسی نہ کسی زبان کے سہارے لوگوں تک پہنچتی ہیں۔ اردو کی ابتدائی دور میں ترویج و اشاعت اور ترقی میں صوفیائے کرام کا ناقابل فراموش کردار رہا ہے اور شروع سے ہی مدارس اور مکاتب بھی اس ضمن میں نہات ہی اہم کردار ادا کر رہے ہیں۔ ہندوستان بلکہ اس برصغیر میں اسلامی تعلیمات اور مذہبی معلومات کا سب سے بڑا ذخیرہ اردو زبان میں موجود ہے۔ مذکورہ بالا دفعات کے ذریعے حاصل شدہ بنیادی حقوق کے حصول کے ضمن میں اردو زبان کا تحفظ اور ترویج و اشاعت کی جا سکتی ہے۔ آئینِ ہند مذہب کے تعلق سے جو بنیادی حقوق

فراہم کرتا ہے اس کے ذریعے مختلف زبانوں کو تحفظ حاصل ہے اور ان کی وجہ سے زبان کی بھی حفاظت کی جاسکتی ہے۔

دستور ہند کی دفعہ ۲۹ اور ۳۰

دفعہ ۲۹ اور ۳۰ دونوں اقلیتوں کو کچھ مخصوص حقوق کی ضمانت دیتی ہیں۔ دفعہ ۲۹ ا اقلیتوں کے مفاد کا تحفظ اس طرح کرتی ہے کہ کوئی بھی الگ زبان، رسم الخط اور ثقافت رکھنے والے شہری اور قوم کو اپنے ان امور کے تحفظ کا مکمل حق حاصل ہے۔ ان دفعات کے تحت کسی کے ساتھ بھی مذہب، نسل، ذات، زبان یا ان میں کسی کی بنیاد پر امتیازی سلوک نہیں کیا جاسکتا۔ دفعہ ۳۰ ا اقلیتوں (مذہب یا زبان کی بنیاد پر ہو) اس بات کا حق دیتا ہے کہ وہ اپنے اعتبار سے تعلیمی ادارے قائم کریں اور انتظام کریں۔ حکومت اقلیتوں کے اداروں میں مداخلت نہیں کرسکتی اور ناہی ان کے ساتھ امتیازی سلوک کرتے ہوئے ان کی امداد روک سکتی ہے۔ لسانی اور مذہبی اقلیتوں کے تحفظ کو یقینی بنانے کے لیے قومی اقلیتی کمیشن کا قیام عمل میں آیا ہے۔

یہ بات ثابت ہوچکی ہے کہ زبان افراد کی ثقافت اور تہذیب و تمدن کا ایک جزوِلاینفک ہے اور جن لوگوں کی زبان اردو ہے یہ ان کی بھی ثقافت کا ایک حصہ ہے۔ لہٰذا اس کے بولنے والوں کو مکمل آئینی حق حاصل ہے کہ اس کا تحفظ کریں اور اس غرض سے اپنے تعلیمی ادارے قائم کریں اور حکومت سے امداد بھی حاصل کریں۔ آئین ہند کی یہ دو دفعات اردو زبان والوں کو بنیادی حق دیتی ہیں کہ اس

زبان کے فروغ اور ترقی کے لیے ہمہ جہت کوششیں کریں۔ ان ہی دفعات کے تحت ملک میں لاکھوں لسانی اقلیتی تعلیمی ادارے قائم ہیں اور لسانی خدمات میں مشغول ہیں خصوصی طور پر اردو زبان میں تعلیم دینے والے تعلیمی ادارے لامحدود ہیں جن سے اردو زبان کا براہ راست فروغ ہو رہا ہے۔

دستور ہند کی دفعہ ۳۵۰، ۳۵۰ اے اور ۳۵۰ بی

دفعہ ۳۵۰ ہر شہری کو حق دیتی ہے کہ وہ اپنی شکایت کے ازالے کے لیے یونین اور صوبے کے کسی افسر یا اتھارٹی کے پاس اس ملک میں استعمال ہونے والی کسی بھی زبان میں اپنی نمائندگی پیش کرے۔ ۳۵۰ اے کے تحت اس ملک کی ہر ریاست اور مقامی اتھارٹی کی یہ کوشش ہوگی کہ وہ لسانی اقلیتی گروہوں سے تعلق رکھنے والے بچوں کو تعلیم کے بنیادی مرحلے میں مادری زبان میں تعلیم کے لیے مناسب سہولیات مہیا کریں۔ صدر جمہوریہ کسی بھی ریاست کو اس طرح کی ہدایات جاری کرسکتے ہیں اگر وہ اس طرح کی سہولیات کی فراہمی کو محفوظ بنانے کے لیے ضروری یا مناسب سمجھتا ہے۔ ۳۵۰ بی کے تحت لسانی اقلیتوں کے لیے ایک خصوصی افسر کی تقرری صدر جمہوریہ کے ذریعے کی جائے گی۔ یہ افسر آئین کے تحت لسانی اقلیتوں کو حاصل شدہ حقوق کی حفاظت سے متعلق تمام معاملات کی تحقیقات کرے گا اور صدر جمہوریہ کو رپورٹ کرے گا، یہ رپورٹیں ہر سال ایوان کے سامنے رکھی جائیں گی اور متعلقہ ریاستوں کی حکومتوں کو بھی بھیجی جائیں گی۔ ان دفعات کے مد نظر اردو کے محبین حکومتی معاملات میں اردو زبان کا کثرت سے

استعمال کر سکتے ہیں اور حکومتوں کو پابند کرا سکتے ہیں کہ ان کے بچوں کو اردو زبان میں ہی بنیادی تعلیم مہیا کرائیں اور ایسا نہ ہونے پر اس کی شکایت اس افسر سے کر سکتے ہیں۔

دستور ہند کی دفعہ ۳۴۵ اور ۳۴۷

دفعہ ۳۴۵ ملک کی ہر ریاست کو حق دیتی ہے کہ وہ اپنی مقننہ کے ذریعے ریاست میں بولی جانے والی زبانوں میں سے کسی ایک یا زیادہ زبان کو سرکاری زبان کے طور پر اپنا سکے۔ دفعہ ۳۴۷ کے تحت ریاستیں اپنی عوام کے ایک مخصوص طبقے کے ذریعے بولی جانے والی زبان کو پوری ریاست میں یا کسی خاص حصے میں ان عوام کے تقاضے پر حکومتی زبان کے طور پر مان سکتی ہیں اور مخصوص انتظامات کر سکتی ہیں۔

نئی تعلیمی پالیسی ۲۰۲۰ اور ہندوستانی زبانوں کا فروغ

نئی تعلیمی پالیسی ہندوستان کی اکیسویں صدی کی سب سے اہم تعلیمی پالیسی ہے جو ایک لمبے انتظار کے بعد ۲۰۱۹ میں ایک مسودے کی شکل میں پیش کی گئی۔ ہندوستان کی یونین کابینہ نے اس مسودے کو ۲۹ جولائی ۲۰۲۰ کو اپنی منظوری دی۔ یہ پالیسی ہر زاویے سے انقلابی، دوررس اور جامع ہے اور تعلیم کے تمام پہلوؤں جیسے بنیادی تعلیم، اعلی تعلیم، درس و تدریس، نصاب، تعلیمی نظم و نسق، صنعتی تعلیم، تعلیمی سرمایہ کاری، تعلیم بالغان اور تکنیکی تعلیم وغیرہ پر سیر حاصل بحث کی ہے۔ اس پالیسی نے ملک کے تعلیمی ڈھانچے کے سارے زاویے جیسے قوانین، انتظام اور

نظم وضبط وغیرہ میں تصحیح اور سدھار کی پیشکش کی تاکہ ایک ایسا نیا نظام تیار کیا جائے جو اکیسویں صدی کے مقاصد کو پورا کرے اور امیدوں پر کھرا اترے۔

اس پالیسی کے ذریعے تمام ہندوستانی زبانوں جن میں اردو بھی شامل ہے کے تحفظ، نشو و نما اور فروغ کی ضمانت دی گئی ہے۔ اس پالیسی میں اس بات پر زور دیا گیا ہے کہ ہر علاقے کی ثقافت وروایات کی صحیح شمولیت، اس کا تحفظ اور اسکولوں میں تمام طلبا کی صحیح تفہیم اسی وقت حاصل ہو سکتی ہے جب قبائلی زبانوں سمیت تمام ہندوستانی زبانوں کو مناسب احترام دیا جائے۔ اس طرح صحیح معنوں میں ہندوستان کی زرخیز زبانوں جیسے اردو زبان اور ادبیات کا تحفظ کرنا بالکل ناگزیر ہے۔ اس پالیسی میں اس کی یقین دہانی کی گئی ہے کہ پورے ہندوستان میں مضبوط قومی اور علاقائی زبان اور ادب کے پروگراموں، اساتذہ کی تقرری، تحقیق اور کلاسیکی زبانوں کے فروغ کے ذریعے زبان، ادب اور سائنسی الفاظ پر توجہ مرکوز کی جائے گی۔ کلاسیکی زبان وادب کے فروغ کے لیے موجودہ قومی اداروں کو مضبوط کیا جائے گا اور ایک قومی انسٹی ٹیوٹ برائے پالی، فارسی اور پراکرت بھی قائم کیا جائے گا۔ سائنسی اور تکنیکی اصطلاحات کے کمیشن (Commission for Scientific and Technical Terminology) کا منشور اور فرمان یعنی ملک بھر میں یکساں استعمال کے لیے ذخیرہ الفاظ تیار کیا جائے گا۔

خاتمہ

مذکورہ بالا آئین کی دفعات اور ان میں اس ملک کے شہریوں کو دیے گئے

حقوق اردو کی ترقی اور فروغ کا ضامن ہیں بشرطیکہ اس زبان کے بولنے والے اور اس کی محبت کا دعوی کرنے والے ان دفعات اور حقوق سے واقف ہوں۔ محض واقفیت بھی کافی نہیں ہے بلکہ اس زبان کی ترقی اور فروغ کے لیے دیگر زبانوں کی طرح سعی مسلسل کی ضرورت ہے۔

اس زبان کی ترقی کے لیے خلوص کے ساتھ اس زبان کا کثرت سے استعمال کرنے، تعلیمی ادارے جہاں ذریعہ تعلیم اردو ہو قائم کرنے، اور اردو زبان کے فروغ کے لیے اس ملک میں قائم اداروں کو مضبوط کرنے کی ضرورت ہے۔ اس زبان کے تحفظ کے لیے آئین ہند کی جانکاری اور اس کی تعمیل نیز جمہوری اقدار اور طریقہ کار کو اپنانے کی ضرورت ہے۔ اس زبان میں اتنی حلاوت ہے کہ یہ زبان بذات خود ترقی کی راہ طے کرے گی بشرطہ کہ اس کے راستے میں رکاوٹ پیدا نہ ہو اور اگر ہو تو اس کو دور کیا جائے۔

***

۵

اسکولی سطح پر اردو زبان کی تدریس کے مسائل

غفرانہ بیگم

اردو ایک اہم زبان ہے اور ہندوستان کی درج فہرست قومی زبانوں میں سے ایک ہے۔ عربی اور فارسی سے اردو نے بہت استفادہ کیا ہے۔ یہی وجہ ہے کہ اردو زبان میں عربی اور فارسی الفاظ کے بہت سے الفاظ ہیں۔ مگر اس کا مطلب قطعی یہ نہیں ہے کہ اردو زبان صرف عربی اور فارسی لفظیات تک ہی محدود ہے بلکہ یہ ایسی زبان ہے کہ جس میں دوسری زبانوں کے بہت سے الفاظ شامل ہیں۔ خاص طور پر ہندی اور سنسکرت کے بہت سے الفاظ اِس زبان میں اس طرح جذب ہو گئے ہیں کہ فرق کرنا بھی مشکل ہو جاتا ہے۔

اردو کی جنم بھومی ہندوستان ہے۔ ہندی کی طرح اس کی پرورش و پرداخت بھی ہندوستان ہی میں ہوئی اور ان دونوں زبانوں کے درمیان بہت سے اشتراکات بھی ہیں۔ خاص طور پر ہندوستانی تہذیب و ثقافت کی نمائندگی دونوں زبانوں میں بہ خوبی

ہوئی ہے۔ صوتیات اور قواعد کے لحاظ سے بھی اردو اور ہندی ایک دوسرے سے بہت قریب ہیں۔ ان دونوں زبانوں کا نقطہ امتیاز صرف رسم الخط ہے۔ ہندی نے دیوناگری لپی کو اپنایا تو اردو نے فارسی رسم الخط کو۔ رسم الخط کے اختلاف کے باوجود دونوں زبانوں میں بڑی قربتیں ہیں۔ اس کے باوجود اردو اور ہندی میں غیر ضروری طور پر تنازعے بھی شروع کیے گئے جس کی وجہ سے بہت سی سطحوں پر اردو کو بہت سے مسائل کا سامنا بھی ہے۔ بولنے والوں کی تعداد سے لے کر اس کی تعلیم و تدریس کے مسائل بھی بہت اہم ہیں۔ خاص طور پر اسکولی سطح پر اردو زبان کی تدریس میں بڑی دقتیں آرہی ہیں۔ میں یہاں صرف بہار کے اسکولوں کے حوالے سے بات کروں گی کہ بہار کی دوسری سرکاری زبان ہوتے ہوئے بھی وہاں بنیادی سطح پر وہ سہولیات نہیں ہیں اس لیے ضرورت ہے کہ بنیادی سہولیات فراہم کی جائیں۔ ایک بات اور بھی ہے کہ آج کے طلبا اردو پڑھنا لکھنا نہیں چاہتے۔ زیادہ تر طلبا کا ارادہ ہوتا ہے کہ دسویں کے بعد اردو سے ان کا واسطہ نہ رہے۔ اس لیے اردو پڑھنے میں ان لوگوں کا دھیان نہیں ہوتا۔ طلبا کی اکثریت ریاضی، سائنس، انگریزی یا دیگر مضامین کو پڑھنے میں دلچسپی رکھتی ہے۔ شاید بچوں کے ذہن میں یہ بات راسخ ہو چکی ہے کہ اردو زبان بہت محدود ہے اور اس میں روزگار کے مواقع بھی کم ہیں۔ وہ تکنیکی تعلیم حاصل کر کے روزگار حاصل کرنا چاہتے ہیں یا دیگر پیشہ ورانہ کورسز میں داخلہ لیتے ہیں۔ اسی لیے اسکولوں میں تدریسی سطح پر دشواریاں پیش آرہی ہیں۔ خاص طور پر بہار جو کبھی اردو کا گہوارہ کہلاتا تھا اور وہاں اس زبان کے شیدائیوں کی ایک بڑی تعداد تھی مگر موجودہ دور میں اب اردو سے تعلق

رکھنے والوں کی تعداد کم ہوتی جا رہی ہے جو تشویشناک ہے۔

۲۰۱۱ کی مردم شماری کے مطابق بہار میں اردو بولنے والوں کی آبادی ۷ء۸۷ لاکھ ہے لیکن تحقیق کے دوران جب اسکولوں میں جانے کا اتفاق ہوا تو جو بات سب سے زیادہ کھٹکی وہ یہ کہ اس دور جدید میں طلبا کی اردو زبان پڑھنے میں کوئی دلچسپی نہیں ہے۔ ان طالب علموں میں زیادہ تر اردو زبان صرف اس لیے پڑھ رہے ہیں کہ انھیں L۳ فارمولے کے تحت پڑھنے کی مجبوری ہے۔ چند طلبا ہی ایسے ہیں جو اس زبان کو دلچسپی کے ساتھ پڑھتے ہیں اور زیادہ تر طلبا دیگر زبانوں کی تعلیم پر زیادہ زور دیتے ہے کیونکہ انھیں لگتا ہے کہ آنے والے دنوں میں اردو ایک غیر ضروری زبان بن سکتی ہے۔

زیادہ تر اسکولوں میں اردو زبان کے ایک یا دو معلمین ہی ہیں اور کئی اسکولوں میں تو اردو زبان کا کوئی بھی معلم ملتا نہیں ہے۔ اس لیے یہ بہت ضروری ہے کہ سب سے پہلے اردو زبان کے معلموں کی کمی کو دور کیا جائے۔ حکومت کی جانب سے یہ قانون بھی بنایا گیا ہے کہ تمام اسکولوں میں معلمین تربیت یافتہ ہی ہونے چاہئیں کیونکہ ایک تربیت یافتہ معلم ہی طلبا کے سماجی، ثقافتی و نفسیاتی نشو و نما میں بہتر کردار ادا کر سکتا ہے مگر غور و فکر کی بات یہ ہے کہ تربیت یافتہ معلمین بھی اسکولوں میں اپنے کام کو بہتر طریقے سے انجام نہیں دے پا رہے ہیں؟

تدریس کو معقول، مؤثر اور دلچسپ بنانے کے لیے اساتذہ بہتر سے بہتر طریقۂ تدریس، تدریسی حکمت عملی اور مختلف قسم کے تدریسی اکتسابی آلات کا استعمال کرتے ہیں۔ بیشتر اسکول انتظامیہ کے پاس کسی بھی طرح کا تدریسی اکتسابی آلہ موجود

ہی نہیں ہوتا۔ حکومت نے بہار کے تمام اسکولوں میں ایک ہی نصاب پر مبنی 'اسمارٹ کلاسز' شروع کروائی ہیں، تاکہ طلبا بہتر انداز اور خوشگوار ماحول میں سمعی و بصری آلات کے ذریعے تعلیم حاصل کر سکیں۔ مگر بہت افسوس کی بات یہ ہے کہ اردو زبان کی تدریس کو اسمارٹ کلاسز میں شامل نہیں کیا گیا ہے کیوں کہ اردو زبان کا مواد ابھی تک تیار ہی نہیں کیا گیا ہے کہ شاید انہی اسباب کی وجہ سے طلبا اپنی مادری زبان سے دور ہوتے جا رہے ہیں۔

اردو زبان کے سامنے ایک اور مسئلہ درپیش ہے جس کو ماہرین نے جدید ٹکنالوجی سے دوری یا عدم توجہی کے طور پر دیکھنے اور سمجھنے کی کوشش کی ہے۔ اردو زبان پر آئے دن یہ الزامات عائد ہوتے رہتے ہیں کہ اس زبان نے اپنے آپ کو جدید ٹکنالوجی سے ہم آہنگ نہیں کیا ہے۔ جبکہ آج اردو زبان کو تکنیکی تعلیم سے جوڑنے کی سخت ضرورت ہے تاکہ طلبا کا رجحان اردو زبان کی طرف زیادہ سے زیادہ ہو سکے اور اردو زبان ہر ایک طالب علم کی ضرورت بن جائے۔

دور جدید میں طلبا کی ہمہ جہت ترقی کے لیے پراجیکٹ پر مبنی تدریس، مسئلوں کو حل کر کے سیکھنا وغیرہ جیسے طریقۂ تدریس کے ذریعے طلبا کو فن تدریس سے واقف کرایا جاتا ہے۔ لیکن بیشتر اسکولوں میں تدریس کی بنیادی سہولیات کا انتظام کیا ہی نہیں گیا ہے۔ اساتذہ اسی پرانے طریقۂ تدریس پر آج بھی قائم ہیں، جب کہ اسکولوں کے تمام معلم تربیت یافتہ ہوتے ہیں، مگر وہ دوران تدریس کسی خاص مہارت کا استعمال نہیں کرتے ہیں۔ ایک اور خاص پہلو یہ ہے کہ زیادہ تر اسکولوں میں تمام طلبا کو اردو زبان کی کتابیں صحیح وقت پر مہیا ہی نہیں ہو پاتی ہیں۔ چار، چھے

مہینے بغیر کتابوں کے ہی نکل جاتے ہیں اور اس کے بعد کتابیں مل بھی جائیں تو طلبا میں وہ رجحان باقی ہی نہیں رہتا کہ بچے اپنی مادری زبان کی کتاب کو صحیح طور پر مکمل بھی کر سکیں۔ ایسے حالات میں اساتذہ کو غور و فکر کرنے کی ضرورت ہے کہ وہ کون سے تدریسی عمل کو اپنائیں کہ طلبا اردو زبان کو دلچسپی سے پڑھنے لگیں۔

این۔ سی۔ ایف ۲۰۰۵ کا مطالعہ کریں تو کسی بھی زبان کی تدریس کے لیے جو رہنما اصول بنائے گئے ہیں، اسکولوں میں ان پر عمل ہی نہیں کیا جارہا ہے۔ ان کے مطابق تمام درجات کے طلبا کی مختلف قسم کے طریقۂ تدریس اور حکمت عملی کے ذریعہ نشوونما کرنی چاہیے۔ مثلاً ابتدائی درجات کے طلبا کو مختصر کہانیاں سنا کر، نظموں کو ترنم میں پڑھانا ہے تاکہ طلبا پہلے تیار ہو جائیں تو پھر وہ اپنے سبق کو دلچسپی سے پڑھیں گے۔ لیکن زیادہ تر اسکولوں میں آج بھی پرانے طریقۂ تدریس پر عمل کیا جارہا ہے۔ رہنما اصول کے مطابق طلبا کو کتابیں، گائیڈ، نوٹس وغیرہ فراہم کروانے کی بات کہی گئی ہے۔ مگر اسکولوں میں جانے کے بعد ایسا کچھ بھی دیکھنے کو نہیں ملتا ہے۔ بہت سے اسکولوں کی لائبریریوں میں اردو کی کتابیں نہیں ہیں اور اگر کسی لائبریری میں کتابیں ہیں بھی تو دیگر زبان کی کتابوں کے مقابلے میں اردو کی کتابیں کم تعداد میں ہیں۔ حالت تو یہ ہے کہ طلبا کو معلوم ہی نہیں ہوتا کہ اسکول میں لائبریری بھی ہے اور اس میں اردو زبان کی کتابیں بھی ہیں۔ دورانِ تحقیق مجھے یہ جان کر بہت تعجب ہوا کہ ایسے اسکول جہاں اردو ایک لازمی مضمون کی حیثیت سے موجود ہے وہاں پر ثانوی سطح کی تعلیم حاصل کر رہے طلبا میں سے زیادہ تر صحیح اردو پڑھنے اور لکھنے سے قاصر ہیں۔ اسکولوں میں تو صحیح طریقے سے اردو زبان کی کلاس

ہی نہیں ہوتی ہیں جس کا سب سے بڑا نقصان یہ ہے کہ والدین بچوں کو اردو کی تعلیم حاصل کرنے کے لیے کوچنگ، مدرسوں اور مکتبوں میں بھیجنے پر مجبور ہیں۔

اردو زبان جو کہ صرف ہماری مادری زبان ہی نہیں ہے بلکہ اس کا تعلق ہماری تہذیب و ثقافت سے ہے، خستہ حالی سے دوچار ہے۔ ہر ایک فرد بس تکنیکی تعلیم اور انگریزی کے پیچھے بھاگا جا رہا ہے۔ کوئی بھی اردو زبان کی طرف رجوع نہیں کر رہا ہے۔ اردو زبان کے فروغ کے لیے حکومت کی جانب سے بہت سے اقدامات کیے گئے ہیں لیکن اسکولی سطح پر ایسا کچھ بھی دیکھنے کو نہیں ملتا ہے۔

اردو زبان ہمارا سب سے قیمتی ورثہ ہے اور اس زبان سے ہم سبھی جذباتی طور پر جڑے ہوئے ہیں کیوں کہ صرف اسی کے ذریعے اپنی مادری زبان کو محفوظ رکھا جا سکتا ہے۔ لیکن یہ زبان جس طرح کی تدریسی مشکلات میں گھری ہوئی ہے ان کو دور کرنے کی سخت ضرورت ہے۔ تمام اقدامات اور فروغ کی ذمے داری صرف حکومت کی نہیں ہے۔ ہم سبھی کا یہ فرض بنتا ہے کہ اردو زبان کے تدریسی مسائل کو دور کرنے کے لیے، تدریسی ترقی کے لیے کوشش کریں، کیونکہ اردو زبان کی نشو نما اور فروغ کے لیے اب تک جو بھی اسکیمیں پیش کی گئی ہیں ان سے اردو کے حالات میں کوئی نمایاں تبدیلی نہیں ہوئی ہے۔ آج اردو زبان کو پھر اس کے گھر میں ہی آباد کرنے کی ضرورت ہے۔

***

٦

اردو کا صوتی ذخیرہ اور صوتی نظام لاثانی ہے: پروفیسر رئیس انور

خان محمد رضوان

خان محمد رضوان: پروفیسر رئیس انور صاحب، یوں تو آپ کی تحریریں رسالوں میں ایک عرصے سے دیکھ رہا ہوں مگر ذاتی طور پر آپ کے متعلق میری واقفیت کم ہے۔ اپنے بارے میں قارئین کو کچھ بتائیں۔

پروفیسر رئیس انور: رضوان صاحب، اس مصاحبے کے لیے میں آپ کا شکر گزار ہوں۔ دراصل میرا آبائی وطن بہار شریف ضلع نالندہ ہے۔ وہاں کے استھاواں بلاک میں ایک گاؤں موہنی ہے جہاں میرے جد امجد جیوٹھلی (ضلع پٹنہ) سے آکر آباد ہو گئے تھے۔ میرے والد مجیب الرحمن مرحوم بچپن میں تعلیم حاصل کرنے کلکتہ چلے گئے تھے اور فراغت کے بعد وہیں پریسیڈینسی کالج (جسے اب یونیورسٹی کا درجہ مل گیا ہے۔) میں فارسی کے استاد ہو گئے۔ اسی بنا پر میری پیدائش اور رہائش وغیرہ کلکتہ میں تھی۔ محمد جان ہائی اسکول، مولانا آزاد کالج اور کلکتہ یونیورسٹی سے

تعلیم مکمل کی۔ ۱۹۷۸ میں ایم اے کرنے کے بعد ریسرچ میں مشغول ہو گیا۔ جلد ہی ۱۹۷۹ میں بھاگلپور یونیورسٹی میں لکچررشپ مل گئی مگر بہ وجوہ میں نے ایک سال بعد جون ۱۹۸۰ میں جوائن کیا۔ جنوری ۱۹۸۸ میں مجھے متھلا یونیورسٹی میں ریڈر کی حیثیت سے منتخب کیا گیا۔ وہیں میں ترقی پاکر پروفیسر اور صدر شعبہ بھی بنا۔ سنٹرل لائبریری اور لائبریری اور انفارمیشن سائنس کا ڈائرکٹر بھی رہا۔ علاوہ بریں بارہ سال تک مولانا آزاد چیئر کا ڈائرکٹر رہا۔ کلکتہ کا ایک خاص ماحول، مزاج اور کلچر ہے جس سے میں متاثر ہوں۔ اس لیے بہار میں مجھے ایڈجسٹ کرنے میں دقت ہوتی رہی ہے۔ مجھے ابھی ۲۰۲۴ میں دوبارہ مولانا آزاد چیئر کے نگراں کے عہدے پر بحال کیا گیا ہے۔

خ ر: آپ اپنے ہم عصروں پر بھی روشنی ڈالیں۔

ر ا: کلکتہ میں غلام نبی، محمد مظفر حسین، فہمیدہ بیگم اور ساجدہ بانو وغیرہ میرے ہم جماعت تھے۔ غلام نبی، وکٹوریہ میموریل کلکتہ میں آفیسر ہو گئے تھے۔ مظفر حسین اورنگ آباد (بہار) کے کسی کالج میں استاد تھے جب کہ فہمیدہ اور ساجدہ کلکتہ کے کالجوں میں تدریس کرتی رہیں۔ سینئر لوگوں میں یوسف ترقی، شمیم انور اور ابوبکر جیلانی تھے۔ یہ لوگ بھی وہیں کالج اور یونیورسٹی سے وابستہ تھے۔ بھاگلپور میں شاداب رضی اور محمد بدرالدین اچھے استاد اور دوست تھے۔ دربھنگہ میں ڈاکٹر منصور عمر، ڈاکٹر مظفر مہدی اور ڈاکٹر ارشد جمیل میرے اہم رفقا تھے۔ ان سے علم وادب پر نوک جھونک بھی ہوتی تھی۔ معاصرانہ چشمک ایک فطری عمل ہے۔ اگر یہ مثبت، صحت مند اور ادب و تہذیب کے دائرے میں ہو تو اس سے فائدے بھی

ہوتے ہیں۔

خ ر: محترم آپ کے وقت میں اردو کے وہ کون سے رسالے تھے جو زبان وادب کی ترویج کر رہے تھے اور سب سے زیادہ آپ کو کس رسالے نے متاثر کیا؟

را: ہمارے زمانے میں بیسویں صدی، شمع، سریتا اور کھلونا وغیرہ بڑوں اور بچوں میں مقبول تھے اور کلکتہ میں آسانی سے مل جاتے تھے۔ جب میں کالج میں پہنچا تو ماہنامہ آجکل، نیا دور، شاعر اور کتاب پڑھنا شروع کیا۔ بعد میں زبان وادب، پٹنہ اور روح ادب کلکتہ بھی مطالعے میں آیا۔ کالج میں استاذی پروفیسر اعزاز افضل ترقی پسندانہ مزاج رکھتے تھے۔ 'عصری ادب' اور 'عصری آگہی' ان کے یہاں زیر بحث رہتا۔ یونیورسٹی میں استاذی ظفر اوگانوی 'شب خون'، 'سوغات' اور 'الفاظ' کے مندرجات پر گفتگو کرتے۔ استاذی شاہ مقبول احمد اور والد محترم کی توجہ کلاسیکی ادب پر مرکوز تھی۔ اسی بنا پر میں کسی خاص ادبی تحریک یا رجحان سے وابستہ نہیں ہوا۔ ہاں سن شعور کو پہنچنے کے بعد 'عصری ادب'، 'عصری آگہی'، 'الفاظ' اور 'سوغات' وغیرہ زیادہ انہماک سے پڑھتا تھا۔

خ ر: آپ اپنے علمی وادبی کام کی تفصیلات بتائیں۔

را: رضوان صاحب میں نے شروعات شاعری سے کی۔ شاید والد محترم اور استاذی اعزاز افضل سے قربت کا اثر تھا۔ طالب علمی کے زمانے میں افسانے اور ناول بھی پڑھا کرتا تھا۔ اس لیے افسانہ نگاری کی بھی کوشش کی۔ شاعری اور افسانے کلکتہ ریڈیو پر بھی پڑھے۔ رسالے میں بھی چھپوائے۔ اس کے بعد رپورتاژ لکھے پھر مضمون نگاری اور تحقیق کی طرف راغب ہوا۔ غالب کے ایک بنگالی ہم عصر جنم جی

متر اارمان کے دو مخطوطے 'تذکرہ نسخۂ دلکشا' اور 'منتخب التذکرہ' ترتیب دے کر شائع کیا۔ ایک اور کتاب 'جنم جی متر ارمان حیات و خدمات' لکھی۔ مضامین کا مجموعہ 'بازیافت پرویز شاہدی' مرتب کیا۔ تنقیدی و تحقیقی مضامین، تقریظ، تبصرے، ترجمے وغیرہ لگاتار شائع ہوتے رہے ہیں۔ اس نوع کی تحریروں کے کئی مجموعے بھی چھپ چکے ہیں۔ حالیہ برسوں میں 'بنگال کے اردو تذکرے' (۲۰۲۱) اور 'تلمیذ میر: غلام علی راسخ عظیم آبادی' (۲۰۲۳) شائع ہوئی ہیں۔

خ ر: آپ ہندی اور انگریزی زبان کے ادب کے مقابلے میں اردو ادب کو کہاں پاتے ہیں؟

ر ا: دیکھیے اصل میں ادب اپنے ماحول میں پنپتا ہے۔ کسی بھی ملک یا علاقے، اس کے سماج، اس کے کلچر اور اس کی تہذیب کا عکس ادب میں موجود ہوتا ہے۔ مغربی ممالک کا سماج، وہاں کے جغرافیائی حالات، روزمرہ کی زندگی اور دوسرے معمولات مشرقی ملکوں سے الگ ہیں۔ وہاں کی روزمرہ کی زندگی میں بہت سی ایسی قدریں ہیں جو ہمارے یہاں معیوب سمجھی جاتی ہیں جیسے نام نہاد آزادی، از حد کھلاپن، عریانیت، تصوراتی نراجیت وغیرہ۔ اتنا کہا جاتا ہے کہ وہاں کی تقلید میں یا یوروپی ادب کے اثر سے ہندی اور اردو میں بھی کچھ عناصر داخل ہوئے ہیں اور اس عمل کو Intellectualism کا نام دیا جاتا ہے۔ پھر بھی اردو ہندی کا نثری ادب اپنی الگ اور آزادانہ پہچان بنائے ہوئے ہے۔

جہاں تک ہندی ادب کا سوال ہے، افسانے، ناول، تنقید وغیرہ بڑے معیاری ہیں مگر شاعری کسی حد تک کمزور ہے۔ اردو شاعری میں جس پائے کے نفیس و نازک

احساسات اور جمالیات کا دل کو چھو لینے والا اظہار ہوتا ہے اور دلکش اسلوب بھی ہوتا ہے، ہندی شاعری اس سے قدرے دور ہے۔

خ ر: کیا اردو اساتذہ کا معیار کچھ کم ہوا ہے؟ اب اچھے ادیب، نقاد اور شاعر پیدا نہیں ہو رہے ہیں؟

ر ا: تلخ سچائی یہ ہے کہ ہمارے کئی اساتذہ صرف ملازمت کرتے ہیں اور اردو کے استاد بن کر دوسرے کام میں زیادہ دلچسپی لیتے ہیں۔ اردو زبان کے مستقبل، طلبا کے مستقبل اور تدریس کے فرائض سے انھیں کم سے کم دلچسپی ہوتی ہے۔ طلبا کو نوٹس دے کر سمجھتے ہیں کہ فرض منصبی ادا ہو گیا۔ زبان و ادب کو پڑھنے، اپنے طور پر سمجھنے اور سمجھانے سے بہت کم تعلق رکھتے ہیں۔ بعض اساتذہ تدریس کے بجائے سمینار، سمپوزیم اور جلسوں میں ایسا مصروف رہتے ہیں کہ رزق کے حلال اور حرام کی تمیز ہی نہیں رہتی۔

جب استاد اور شاگرد کا رشتہ اتنا کمزور ہو۔ تدریس کے تقاضے اور تقدس پامال ہونے لگیں تو ماحول میں بیزاری آنے لگتی ہے۔ ایسے میں درس گاہوں سے اچھے ادیب، نقاد اور شاعر کیسے نکلیں گے۔ آپ ہی سوچیے۔

خ ر: کیا تحقیق و تنقید کا معیار گرا ہے؟ اگر ایسا ہے تو اس کی وجہ کیا ہے؟

ر ا: جامعاتی تحقیق میں یقیناً گراوٹ آئی ہے یہ ہر سبجیکٹ میں ہے۔ اس کی وجہ یو جی سی کے بنائے ہوئے اصول و قواعد ہیں جن کے مطابق ریسرچ پیپر اور ریسرچ ڈگری کے لیے مخصوص اضافی نمبر ہیں۔ اسی بنا پر باصلاحیت طلبا کے ساتھ ساتھ بے صلاحیت بھی اس کے لیے جگاڑ لگاتے ہیں اور ہم میں سے چند لوگ پیسے کی خاطر پیپر

اور تھیس لکھ کر بے صلاحیت یا کم صلاحیت والوں کی سرپرستی کرتے ہیں۔ انھیں لکھ کر دے دیتے ہیں یا نقل کروا دیتے ہیں۔ اسے ڈگری کا کمرشیلایزیشن کہنا چاہیے۔ لہٰذا معیار کی گراوٹ میں چند طلبا کے ساتھ ساتھ بعض اساتذہ بھی شریک ہیں۔

خ ر: ادب کی مبادیات کیا ہیں؟ ایک طالب علم یہ کیسے محسوس کرے گا کہ اس فن پارے میں ادبیت ہے یا نہیں ہے؟

ر ا: یہ بہت مشکل اور سنجیدہ سوال ہے۔ اس ضمن میں سب سے پہلے میں یہ واضح کردوں کہ ادب بنیادی طور پر موضوع، اسلوب اور ہیئت کا اٹوٹ، مربوط اور دلکش مجموعہ ہوتا ہے۔ ادب کا مطالعہ کرتے وقت یہ دیکھنے کی کوشش کی جاتی ہے کہ اس میں جذبہ، احساس یا خیال کیسا ہے۔ اس کی زبان اور اس کا اسلوب کیسا ہے نیز جس ہیئت میں پیش ہوا ہے، اس میں سما کر اس کے تقاضوں کو پورا کر رہا ہے یا نہیں۔ یہاں ایک مسئلہ یہ بھی سامنے آتا ہے کہ ایک ہی خیال کوئی شاعر یا نثر نگار اپنے طور پر پیش کرسکتے ہیں۔ اس صورت میں تقابل کا سوال ابھرتا ہے کہ کس فن پارے میں اثر آفرینی ہے۔ کسے پڑھ یا سن کر ہماری حس بیدار ہو جاتی ہے۔ ہمارے شعور میں گرماہٹ پیدا ہوتی ہے۔ آل احمد سرور کی زبان میں مسرت اور بصیرت حاصل ہوتی ہے۔ دراصل ادب میں اسلوب کی بڑی اہمیت ہے۔ موضوع یا خیال اسی کے وسیلے سے ہیئت میں ضم ہوتا ہے۔ اس لیے میری نظر میں ادب کی قدر و قیمت کا دار و مدار اسلوب پر ہے۔ میں اسلوب کے سلسلے میں زیادہ نہیں بولوں گا۔ اس کی تعریف و تشریح بڑی پیچیدہ اور بڑی حد تک فلسفیانہ ہے۔ اس میں زبان، تکنیک اور

تخلیقی عمل وغیرہ کی بحث شامل ہو جائے گی۔

خ ر: کیا یہ درست ہے کہ اردو رفتہ رفتہ ختم ہوتی جا رہی ہے یا اسے ختم کرنے کی سازش رچی جا رہی ہے؟

را: اس میں بہت حد تک سچائی ہے۔ آج کل اردو جاننے والے بلکہ پڑھے لکھے لوگ ہندی سے متاثر نظر آتے ہیں۔ اسی وجہ سے اردو کا بنیادی ڈھانچہ دن بہ دن کمزور ہوتا جا رہا ہے۔ آپ غور کیجیے، اردو الفاظ اور محاورات کس تیزی سے بگڑ رہے ہیں یا بگاڑے جا رہے ہیں۔ اب معلوم چلا، علماؤں، حالاتوں وغیرہ میڈیا سے ہوتے ہوئے عوام میں رائج ہوتے جا رہے ہیں۔ اگر پڑھے لکھے لوگ صحت زبان کا لحاظ نہیں رکھیں گے تو زبان کمزور ہو گی اور ہماری اردو زبان کا اردو تہذیب کا نقصان ہو گا۔

آسان زبان یا ہندوستانی الفاظ پر مشتمل زبان استعمال کرنا اچھا ہے۔ میں تو یہاں تک کہتا ہوں کہ اردو میں علاقائی الفاظ بھی کھپائے جا سکتے ہیں مگر اس کا مطلب ہرگز یہ نہیں کہ اردو قواعد، اس کے اپنے کینڈا اور اس کی اپنی پہچان سے سمجھوتہ کیا جائے۔

خ ر: کیا مدارس کے فارغین کی وجہ سے آج اردو بچی ہوئی ہے؟ اگر مدرسہ والے نہ ہوتے تو اردو میں قابل قدر کام نہ ہوتا؟

را: یہ جزوی طور پر درست ہے۔ آج کل بہار کے مدرسوں سے جو بچے اردو کی اعلیٰ تعلیم حاصل کرنے آ رہے ہیں، وہ بہت کمزور ہوتے ہیں۔ ان میں ادب کا وہ شعور نہیں ہوتا جو پہلے کبھی ہوا کرتا تھا۔ بہار میں عالم اردو کی سند والے ایم۔ اے۔

اردو میں داخلہ لیتے ہیں۔ ان کا املا اور جملہ بہتر ہوتا ہے مگر شعر وادب اور تاریخ ادب کی سمجھ برائے نام ہی ہوتی ہے۔ ان پر اساتذہ کو زیادہ محنت کرنا پڑتی ہے۔

جہاں تک قابل قدر کام کا سوال ہے۔ جیسا کام پروفیسر عبدالمغنی، پروفیسر ظفر اوگانوی، پروفیسر ابوالکلام قاسمی، پروفیسر ظفر احمد صدیقی وغیرہ نے کیا ہے جو بہت پہلے مدرسوں سے فارغ ہوئے تھے مگر ان لوگوں کے بعد ایک گیپ ہو گیا ہے۔

خ ر: اردو کے مستقبل کے تعلق سے آپ کی کیا رائے ہے؟

را: میری سمجھ سے اردو کا مستقبل زیادہ روشن نہیں ہے۔ ایک عرصے سے لپی بدلنے کی بات ہو رہی ہے۔ اردو کے کئی اساتذہ کو میں ذاتی طور پر جانتا ہوں جو صحیح زبان نہیں لکھ سکتے ہیں، املا تک غلط لکھتے ہیں۔ پانچ دس منٹ کسی موضوع پر بول نہیں سکتے ہیں۔ میں نے بہار، کے دو مشہور کالج اور دو یونیورسٹی میں تدریس کی ہے اور بہت کچھ دیکھا ہے۔ اردو کے طلبا عام طور پر دستخط یا درخواست کے لیے ہندی کا انتخاب کرتے ہیں۔ اکثر طلبا اردو میں درخواست لکھ بھی نہیں سکتے۔ اب ایسی صورت میں اردو کے مستقبل کے بارے میں کیا رائے دی جائے۔ میرا ماننا ہے کہ شمالی ہندوستان میں بول چال کی زبان اردو ہے مگر لکھنے کی زبان ہندی ہو گئی ہے۔

خ ر: اردو رسم الخط ہمیشہ تنقید کا نشانہ بنتا رہا ہے۔ غیر تو غیر اپنے بھی اردو رسم الخط کی مخالفت کرتے ہیں۔ کیا اردو کو اس کے رسم الخط کے بغیر باقی رکھا جا سکتا ہے؟

را: دیکھیے بہت سے ایسے الفاظ ہیں جو اردو رسم الخط ہی میں زندہ رہ سکتے ہیں۔ دیوناگری یا رومن لپی میں وہ دم توڑ دیں گے۔ ذ، ز، ض، ظ والے الفاظ تو فنا ہو جائیں

گے۔ ان کا صحیح تلفظ ناپید ہو جائے گا۔ یہی حال 'ژ' والے لفظوں کا ہو گا۔ دراصل اردو کا صوتی ذخیرہ لاثانی ہے۔ اس کا نظام بھی بڑا جامع اور وقیع ہے۔ اصوات کی ایسی زرخیزی غالباً دوسری کسی زبان میں نہیں ہے۔ صوتی ذخیرے کا دارومدار لپی پر ہے۔ لپی کی تبدیلی سے یہ بے نظیر ذخیرہ بالکل ختم ہو جائے گا۔ اردو کی ساری دلکشی، چاشنی اور سحر انگیزی مختلف اصوات کی شمولیت اور انضمام سے ہے اور اس معاملے میں بر صغیر کی کوئی زبان اردو کی ہمسر نہیں ہو سکتی۔ دوسری کسی لپی میں ایسی انضمامی توانائی اور تخلیقی سلیقہ مندی نہیں ہے کہ حسن ادا کے ساتھ دوسری زبانوں کے الفاظ کو نیا پیراہن عطا کر دے یا دوسری زبانوں کے الفاظ کو صحیح Accent کے ساتھ ادا کر سکے۔

دوسری اہم بات یہ ہے کہ زبان اپنی لپی کے ساتھ زندہ رہتی ہے۔ ہمیں عبرانی زبان سے سبق لینا چاہیے۔ قیام اسرائیل سے قبل یہودیوں کا کوئی الگ ملک نہیں تھا مگر اس قوم نے اپنی زبان کو سینہ بہ سینہ محفوظ رکھا اور ملک ملنے کے بعد وہاں اسے رائج کیا۔ اس لیے اردو زبان کو اس کی لپی کے ساتھ ہی زندہ رکھا جا سکتا ہے ورنہ یہ جس لپی میں لکھی جائے گی، اسی میں ڈھل کر ختم ہو جائے گی۔

خ ر: اچھا اب یہ بتائیں کہ نئی نسل اردو سے کیوں دور ہوتی جا رہی ہے؟ اسے اردو سے کیسے جوڑے رکھا جا سکتا ہے؟

را: دیکھیے، یہ دور کمرشیلائیزیشن اور ٹیکنالوجی کا ہے۔ تعلیم کا بہت چرچا ہے مگر روایتی تعلیم کی طرف سماج کا کمزور طبقہ راغب ہوتا ہے۔ جدید سائنس اور ٹیکنالوجی کی تحصیل باعث فخر ہے مگر مہنگی ہے۔ سوائے ہندی کے دوسری دیسی زبانوں کا

اسکوپ کم سے کم ہوتا جارہا ہے۔ اردو بھی اس رجحان سے متاثر ہو رہی ہے۔ اچھے پرائیویٹ اسکولوں بلکہ کئی سرکاری اسکولوں میں اردو کی تعلیم نہیں ہوتی ہے اور گارجین بڑی خوشی سے بچوں کو انگریزی کے علاوہ ہندی یا دوسری زبان پڑھنے دیتے ہیں۔ کہیں کوئی احتجاج یا تحریک نہیں ہوتی۔ ان کا اصل مقصد اچھی اور اعلیٰ مروجہ تعلیم حاصل کرنا ہوتا ہے۔

اس صورت حال میں اگر ہمیں اپنے بچوں کو اپنے کلچر، اپنی تہذیب اور اپنے مذہب سے جوڑے رکھنا ہے تو گھر پر محنت کرنا ہوگی۔ اردو تحریک کا نعرہ دینے اور میٹنگ کرکے اخباروں میں فوٹو چھپوانے سے مسئلہ حل ہونے والا نہیں ہے۔ گھر پر اردو اخبار، رسالے اور کتابیں مہیا کرانا اور بچوں کو انھیں پڑھنے کی ترغیب دینا ہوگی۔ سائنس اور ٹیکنالوجی کی تحصیل کوئی بری بات نہیں مگر اسی کے ساتھ اپنی زبان کی بھی جانکاری رکھنے میں کیا قباحت ہے۔

خ ر: رئیس انور صاحب میں بہت ممنون ہوں کہ اردو زبان وادب کے حوالے سے آپ سے تفصیلی بات چیت ہوئی اور مختلف موضوعات پر آپ کے خیالات سے آگاہ ہونے کا موقع ملا۔ ایک بار پھر آپ کا شکریہ۔

***

۷

اردو معنیات

علی رفاد فتیحی

لسانیات کی بعض اہم شاخوں میں سے ایک معنیات ہے۔ معنیات لسانیات کا اہم نواحی شعبہ ہے۔ معنیات کے نقطۂ نظر سے سلسلۂ کلام کو جن اکائیوں میں بانٹا جاتا ہے وہ 'لفظ' ہے۔ یعنی معنیات لفظ کا مطالعہ پیش کرتا ہے۔ بہ الفاظ دیگر لفظ کو اکائی ماننا ہی سب سے اہم عملی قدم ہے۔ جملے میں الفاظ 'خاص' اور 'امدادی' طور پر استعمال ہوتے ہیں۔ خاص لفظ لغوی ضرورتوں کو پورا کرتے ہیں۔ مثلاً مندرجہ ذیل جملے میز پر کتاب ہے۔ پر ہم توجہ دیں تو محسوس ہوتا ہے کہ اس جملے میں 'میز'، 'کتاب' اور 'ہے' خاص لفظ ہیں جب کہ 'پر' امدادی لفظ ہے جو اس جملے کی نحوی ضرورتوں کو پورا کرتا ہے۔ کسی بھی زبان میں خاص الفاظ لغوی معنیات کا کام دیتے ہیں تو دوسری جانب امدادی لفظ نحوی معنیات کا۔ خاص لفظ کے معنی کو کلام کے سیاق کے بغیر بیان نہیں کیا جاسکتا۔ بہ الفاظ دیگر سیاق لفظوں کے مختلف معنی کو متعین کرتا ہے گویا سیاق معنی کا پورا سلسلہ قائم کردیتا ہے سیاق کے بغیر مفرد لفظ

کے معنی محض نظریاتی ہوتے ہیں گویا لفظ 'شے' کی صوتی علامت ہے۔

مشہور ماہر لسانیات 'فرڈی ننڈ ڈی ساسیور' (Ferdinand Saussure) لسانی علامت کو Signifiant اور Signifie میں تقسیم کرتا ہے۔ Signifie اور Signifiant کے رشتے کے عدم استحکام کی وجہ سے لفظ و معنی کی مندرجہ ذیل صورتیں پیدا ہوتی ہیں:

امترادفات Synonymy)

۲کثیر معنویت Polysymy)

۳ہم اسمی Homonymy)

لسانی ترسیل خیال مکمل اور بامعنی ہوتی ہے، یعنی موضوعاتی اور ہیئتی سطح پر 'ترسیل' ایسا روپ اختیار کرتی ہے کہ اس میں معنیاتی تہہ داری و بوقلمونی کے ساتھ ساتھ اثر پذیری بھی شامل ہو جاتی ہے۔ کسی بھی لسانی اظہار میں معنیاتی تہہ داری اس وقت تک پیدا نہیں ہوتی جب تک خیال کی ترسیل کے لیے مناسب پیرہن اختیار نہیں کیا جاتا۔ اگر ہم اردو زبان کا بغور مطالعہ کریں تو محسوس ہوتا ہے کہ اردو میں 'معنیاتی تہہ داری' کی بے شمال مثالیں ملتی ہیں یعنی اردو شاعری، اردو ترسیل عامہ، اور اردو صحافت کی زبان میں ایسی مثالیں کثرت سے ملتی ہیں جہاں 'خیال' کو ایسا لسانی پیرہن عطا کیا جاتا ہے کہ ایک خیال ملتے جلتے دوسرے کئ خیالات کو جنم دینے کا کام کرتا ہے اور اس طرح ایک خیال جس کو مرکزی خیال بھی کہا جاسکتا ہے کے گرد خیالات کا ہالہ بن جاتا ہے۔ لسانی اظہار کا یہ انداز مرکزی خیال کی اہمیت کو

واضح کرتا ہے اور 'خیال' کی تفہیم میں اضافہ کرتا ہے۔ اس مقصد کے لیے ترسیلی، ادبی اور صحافتی زبان ایسے الفاظ کا استعمال کرتی ہے جو اس کی ترسیل کا حق ادا کرے مثلاً موت جیسی ایک حقیقت کو پیش کرنے کے لیے اردو زبان میں کئی الفاظ ہیں۔ مرگ، انتقال، وصال، جاں بحق، ہلاک وغیرہ لیکن جب اردو ترسیلی زبان مرگ، انتقال اور موت کی جگہ 'جاں بحق' یا 'ڈھیر' کا استعمال کرتی ہے تو اس سے جہاں موت کا مفہوم پوری طرح ادا ہو جاتا ہے وہاں کئی دوسرے ایسے مفاہیم بھی ادا ہوتے ہیں جو موت کو معنیاتی تہہ داری کے ساتھ ترسیلی قوت سے بھی ہمکنار کر دیتے ہیں۔ اگر ہم مندرجہ ذیل مثالوں پر نظر ڈالیں تو ان کی ترسیلی قوت کا اندازہ ہوتا ہے۔

صحافتی زبان:

۱بی جے پی کی سیاسی موت (راشٹریہ سہارا)

۲بس حادثے میں دس مسافر جاں بحق (قومی آواز)

۳پولس کارروائی میں دہشت گرد ڈھیر (راشٹریہ سہارا)

۴کارگل کی کارروائی میں دو جوان شہید (قومی تنظیم)

ان سرخیوں میں 'موت' کے لیے مستعمل 'جاں بحق'، 'ڈھیر' اور 'شہید' کا استعمال خبروں کو معنیاتی تہداری سے ہمکنار کرتا ہے۔

ادبی زبان

اس کے برعکس پہلی سرخی بی جے پی کی سیاسی موت میں 'موت' کا استعمال ایک طرف معنیاتی تہہ داری کا حق ادا کرتا ہے تو دوسری طرف جمالیاتی تسکین اور

زندگی و موت سے متعلق کئی حقائق سے آشنا کر کے بصیرت سے ہمکنار کرتا ہے۔

ان تفصیلات سے اندازہ ہوتا ہے کہ الفاظ کا انتخاب بذات خود ایک بڑا فن ہے۔ خبر نگاری میں صحیح لفظ کا استعمال 'خیال' کی ترسیلی قوت میں اضافہ کرتا ہے۔ لہٰذا زبان میں لفظ کی معنوی تہہ داری کی اہمیت کو سمجھنا نہایت ضروری ہے۔ انتخاب الفاظ کے فن تک رسائی اس وقت تک ممکن نہیں جب تک 'راسل' اور 'مرسل' لفظ کے نباض ہونے کے ساتھ ساتھ ان کی حسی اثر پذیری کے جوہر سے بھی آشنا نہ ہوں۔ ان حقائق کی روشنی میں کہا جاسکتا ہے کہ 'الفاظ' کسی ساز کے ان تاروں کی طرح ہوتے ہیں جن سے مضراب کے چھو جانے سے طرح طرح کے نغمے پھوٹتے ہیں۔ زبان میں یہ نغمے معنی کی حیثیت رکھتے ہیں۔ لہٰذا ترسیل خیال میں لفظ و معنی کی اس اہمیت کو سمجھنا نہایت ضروری ہے۔ جیسا کہ پہلے ذکر آچکا ہے کہ لفظ و معنی کے اسی رشتے میں 'سیاق' کی اتنی اہمیت ہے۔ ایک لفظ کے سیاق تقریر کی وجہ سے مختلف معنی متعین ہوسکتے ہیں گویا سیاق معنی کا سلسلہ قائم کر دیتا ہے۔ سیاق کے بغیر لفظ کے معنی محض نظریاتی ہوتے ہیں۔ اس بات کی وضاحت کے لیے ہم مندرجہ بالا مثالوں میں سے پہلی سرخی 'بی جے پی کی سیاسی موت' کا جائزہ لیں تو محسوس ہوتا ہے کہ لفظ 'موت' اپنے روایتی معنی سے بالکل الگ استعمال ہوا ہے۔ گویا لفظ کا سیاق لفظ کے معنی سے وسیع تر ہوتا ہے اس لیے معنی کا انحصار سیاق تقریر پر ہوتا ہے۔ ترسیل معنی کا اگر تجزیہ کیا جائے تو ہمیں ایک طرف تو 'راسل' اور اور 'مرسل' کی اہمیت دکھائی دیتی ہے تو دوسری طرف علامت کے دو رخوں کی اہمیت، لسانی علامت کا ایک رخ

خارجی ہوتا ہے۔ خارجی رخ لفظ کی صوتی شکل ہے۔ دوسرا رخ داخلی ہوتا ہے جسے Signified یا مرموز کہہ سکتے ہیں۔

محولہ تصور

Referenc

محولہ شے

Reference

علامت

Symbol

ان تفصیلات سے اندازہ ہوتا ہے کہ لفظ و معنی کا رشتہ مہمل (Vague) ہوتا ہے یعنی اس کی حدود قطعی نہیں ہوتیں۔ لفظ و معنی کے اس رشتے میں ابہام کی ایک اہم وجہ مترادف (Synonymy) ہے۔

مترادفات (Synonymy)

زبان میں مترادفات وہ الفاظ ہیں جن کے معنی یکساں ہوں لیکن حقیقت یہ ہے کہ ان الفاظ میں بھی سچی ہم معنویت نہیں ہوتی کیونکہ زبان میں لفظ کے معنی کا انحصار سیاق پر ہوتا ہے۔ بہ الفاظ دیگر لفظ کا مفہوم بالکل متعین اور قطعی نہیں ہوتا اور اس میں ابہام کا دخل ہوتا ہے۔ اس بات کی مزید وضاحت کے لیے مندرجہ ذیل سرخیوں پر نگاہ ڈالیں:

ا فوجی کارروائی میں دس دہشت گرد ہلاک (قومی آواز)

۲ کشمیر میں فوج اور انتہا پسندوں میں جھڑپ (قومی آواز)

۳ سری لنکائی فوج کی نظر تمل ملٹنٹ پر (راشٹر یہ سہارا)

۴ سری لنکا میں تین شدت پسند گرفتار (آل انڈیا ریڈیو)

۵ کشمیری مجاہدین شہید (ریڈیو پاکستان)

۶ وادی میں دو انتہا پسندوں سمیت آٹھ ہلاک (ہند سماچار)

تو محسوس ہوتا ہے کہ 'دہشت گرد' 'انتہا پسند' 'ملٹنٹ' 'شدت پسند' اور 'مجاہد' وہ الفاظ ہیں جن کے معنی یکساں ہیں لیکن ان میں لغوی معنی کے علاوہ کسی نہ کسی قسم کا جذباتی لہجہ بھی شامل ہے۔ گو کہ ان الفاظ کا ایک دوسرے کی جگہ بے تکلف استعمال کیا گیا ہے لیکن اس کے باوجود ان میں سچی ہم معنویت نہیں ہے کیونکہ اگر ہم ان کے ترسیلی ماحول کا جائزہ لیں تو محسوس ہوتا ہے کہ ان میں کوئی نہ کوئی ایک ایسا ترسیلی ماحول ہے جس کی وجہ سے ایک لفظ دوسرے لفظ سے زیادہ موزوں ہو جاتا ہے۔ اس بات کی مزید وضاحت کے لیے کہا جاسکتا ہے کہ آخری سرخی 'کشمیری مجاہدین شہید' کا ترسیلی ماحول دیگر سرخیوں کے ترسیلی ماحول سے مختلف ہے۔ پاکستانی ریڈیو کی یہ سرخی ترسیلی سطح پر 'مجاہدین' کے لیے اپنی ہمدردی کا اظہار کرتی ہے جب کہ دوسری تمام سرخیوں میں ہمیں اس 'ہمدردی' کا احساس نہیں ہوتا۔ تقریباً یہی کیفیت مندرجہ ذیل سرخیوں میں بھی نظر آتی ہے:

ا سری لنکا میں مذاکرات کے تعطل سے ناروے ناامید (راشٹر یہ سہارا)

۲ سری لنکا میں بات چیت ختم (آل انڈیا ریڈیو)

۳ سری لنکا میں امن کے لیے گفت وشنید (قومی آواز)

ان سرخیوں میں بھی 'مذاکرات' 'بات چیت' اور 'گفت وشنید' وہ ترکیبات ہیں

جن کے معنی بظاہر یکساں ہیں لیکن ان مثالوں میں بھی مترادف جوڑوں کا پہلا لفظ 'مذاکرات' برجستہ ہے۔ بعض صورتوں میں مترادفات عقلی لحاظ سے قابل متبادل ہوتے ہیں لیکن ترسیلی لحاظ سے نہیں۔ جب کہ بعض صورتوں میں مترادف جوڑوں کو مترادف کہنا بھی ٹھیک نہیں، انھیں ہم معنی کہا جاسکتا ہے۔ ان مثالوں کے تجزیے سے یہ ظاہر ہوتا ہے کہ مترادفات بعض صورتوں میں 'خبر' کی ترسیلی قوت کو اجاگر کرنے میں کامیاب ہوتے ہیں تو بعض دوسری صورتوں میں ابہام (Vagueness) کا سبب بنتے ہیں۔ اردو ترسیل عامہ کی زبان میں مستعمل مترادفات پر اگر ہم نظر ڈالیں تو محسوس ہوتا ہے کہ ان مترادفات کی ایک اہم وجہ 'مستعاریت' ہے۔ مستعاریت ایک زبان میں دوسری زبان سے الفاظ مستعار لیے جانے کا عمل ہے۔ مستعاریت کے اس عمل کی وجہ سے بھی مترادفات میں اضافہ ہوتا ہے۔ مثلاً مندرجہ بالا سرخیوں میں 'دہشت گرد' 'انتہا پسند' اور 'شدت پسند' کے ساتھ ساتھ ملٹنٹ (Militant) کا استعمال حصولی زبان میں مترادف لفظ میں اضافے کی عمدہ مثال ہے۔

کثیر معنویت (Polysemy)

ماہرین لسانیات کا خیال ہے کہ کسی لفظ کے معنی کی تین قسمیں ہوتی ہیں (۱) مرکزی معنی (۲) اطلاقی معنی (۳) جذباتی معنی۔ اگر تھوڑی دیر کے لیے جذباتی معنی سے صرف نظر کرلیا جائے تو زبان میں دو قسم کے معنی ہی بچتے ہیں۔ ایک مرکزی معنی اور دوسرا اطلاقی معنی۔ مرکزی معنی کو بالعموم لغوی معنی کہا جاتا ہے جب کہ اطلاقی معنی کو عام فہم زبان میں سیاقی معنی کہا جاتا ہے۔ مرکزی معنی یا لغوی

معنی کا تعلق زبان یا لانگ Langue سے ہے جب کہ اطلاقی یا سیاقی معنی کا تعلق تکلم یا Parole سے ہے۔ زبان میں الفاظ اپنے لغوی معنی کے ساتھ ساتھ اطلاقی معنی میں بھی استعمال ہوتے ہیں جو کثیر معنویت کا سبب بنتے ہیں۔ یہی وجہ ہے کہ کثیر معنوی الفاظ کے متعلق یہ طے کرنا مشکل ہو جاتا ہے کہ انھیں ایک لفظ تصور کیا جائے کہ کئی الفاظ کیونکہ لفظوں کے تاریخی ارتقا کا اگر جائزہ لیا جائے تو اندازہ ہوتا ہے کہ ایک مرکزی مفہوم سے کئی مفہوم پھوٹتے جاتے ہیں جو کثیر معنویت کا سبب بنتے ہیں۔ اس طرح لفظوں کا معنوی دائرہ وسیع سے وسیع تر ہو جاتا ہے۔ کثیر معنویت ترسیل خیال میں اگر ایک جانب معاون ثابت ہوتی ہے تو دوسری جانب اس سے ابہام Vagueness کا پہلو بھی نکلتا ہے۔

اردو زبان کے تجزیے سے یہ بات واضح ہوتی ہے کہ اردو زبان میں کثیر معنویت الفاظ کا استعمال خوب ملتا ہے۔ اردو ادب کی زبان میں بھی کثیر معنویتی الفاظ کا استعمال عام طور سے نظر آتا ہے۔

اگر ہم مترادفات اور ہم معنی الفاظ کا بغور جائزہ لیں تو ہم معنی الفاظ یا مترادفات میں ایک لطیف سا معنوی فرق نظر آتا ہے مثلاً چاند، قمر یا ہلال میں معنوی یکسانیت کے باوجود ایک لطیف سا معنوی فرق دستیاب ہے۔ بہر کیف مترادفات کا یہ بنیادی تصور معنوی یکسانیت پر انحصار کرتا ہے۔ بہ الفاظ دیگر اگر الف ب کی ترجمانی کرتا ہے اور ب الف کی تو الف اور ب مترادفات کے زمرے میں آتے ہیں۔ مثلاً اگر ہم مندرجہ ذیل جملوں کا جائزہ لیں تو ظاہر ہوتا ہے کہ ان جملوں میں معنوی یکسانیت موجود ہے:

وہ دیوانہ ہے،

وہ پاگل ہے

وہ مجنوں ہے

ان تفصیلات کی روشنی میں ہم اس نتیجے پر پہنچتے ہیں کہ مترادفات میں مندرجہ ذیل خصوصیات نظر آتی ہیں:

۱ان میں معنوی یکسانیت ہوتی ہیں

۲مترادفات ایک دوسرے کے متبادل ہوتے ہیں

لہٰذا کسی معنوی فرق کے بغیر کسی ایک لفظ کی جگہ دوسرے کا انتخاب ممکن ہے اور اسلوبیاتی ترجمے میں یہ معاون ثابت ہوتے ہیں۔ مشہور ماہر معنیات جان لائنس John Lyons کے خیال میں مترادفات کو دو خانوں میں تقسیم کیا جاسکتا ہے:

۱ حقیقی مترادفات

۲ذیلی مترادفات

حقیقی متر دافات معنوی اعتبار سے تقریباً یکساں ہوتے ہیں جب کہ ذیلی مترادفات ذیلی مفہوم کی ترجمانی کرتے ہیں۔ مثلاً قمر اور ہلال کی معنوی یکسانیت ذیلی مترادفات کے زمرے میںآتی ہے کیونکہ ہلال نوزائدہ چاند کو کہتے ہیں۔ اس لیے ان کے درمیان معنوی رشتہ ذیلی رشتہ ہے۔ بعض ماہرین کا خیال ہے کہ مترادفات میں درجاتی فرق نظر آتا ہے۔اگر الف معنوی مثال کے طور پر قمر اور مہتاب معنوی اعتبار سے ایک دوسرے کے قریب ہیں تو ضروری نہیں کہ قمر اور

ہلال کے مابین بھی وہی معنوی یک رنگی دستیاب ہو۔

مترادفات کے دائرے میں مترادفات Cognative کو بھی شامل کیا جاسکتا ہے۔ مترادفات Cognative کا بھی تعین یکساں خیال کی ترجمانی کی بنیاد پر کیا جاسکتا ہے۔ آہ بظاہر تکلیف اور درد کا مترادف نہیں ہے لیکن مترادفات Cognative کے اصولوں کے مطابق اسے ہم تکلیف اور درد کا مترادف قرار دیتے ہیں۔ مزید وضاحت کے لیے اردو زبان کے بعض اخبارات میں مستعمل بابری مسجد متنازعہ ڈھانچہ کو مترادف Cognative کے زمرے میں رکھ سکتے ہیں کیونکہ یہ دونوں ایک ہی حقیقت کی ترجمانی کرتے ہیں۔ ان کے درمیان فرق صرف پیشکش کا ہے۔ بابری مسجد ایک حقیقت کا بیباکانہ اظہار ہے تو متنازعہ ڈھانچہ اس حقیقت کا مصلحتی اظہار۔

ضد (Antonym)

دو الفاظ کے مابین معنوی تضاد سے اضداد کی تشکیل ہوتی ہے۔ گویا اضداد ایسے لفظی جوڑے ہوتے ہیں جو معنوی اعتبار سے ایک دوسرے کے مخالف اور متضاد ہوتے ہیں۔ ان جوڑوں کا کوئی ایک لفظ اگر اثبات کا پہلو ظاہر کرتا ہے تو اس کے برعکس دوسرا نفی کی طرف اشارہ کرتا ہے۔ گویا کسی شیے یا حقیقت کے سبب اور منفی، تذکیر و تانیث اور اس طرح کے دوسرے متضاد پہلوؤں کو اجاگر کرنے والے لفظی جوڑے متضاد الفاظ بناتے ہیں۔ متضاد الفاظ بالعموم دو خانوں میں تقسیم کیے جاتے ہیں۔ حقیقی تضاد اور درجاتی تضاد۔

حقیقی تضاد

متضاد الفاظ کے ایسے جوڑے جو حتمی متصاد صورتوں کی عکاسی کرتے ہوں حقیقی تضاد کے زمرے میں آتے ہیں۔ مثال کے طور پر مرنا اور جینا، رات اور دن وغیرہ یہ جوڑے قطعی اور حتمی طور پر ایک دوسرے کی نفی کرتے ہیں اور ان کے درمیان کوئی درجاتی فرق نہیں ہے۔ لہٰذا انھیں حقیقی تضاد کہا جاتا ہے۔

درجاتی تضاد

درجاتی تضاد کے زمرے میں ایسے تضاد کا شمار ہوتا ہے جو ایک دوسرے کے متضاد تو ضرور ہیں لیکن اس تضاد میں درجاتی فرق حائل ہوتا ہے۔ کتنا اور کیسا جیسے استفہامی الفاظ سے اس تضاد پر سوالیہ نشان بنائے جاسکتے ہیں۔ مثال کے طور پر سرد و گرم، لمبا اور ناٹا۔ شیریں اور تلخ کے درمیان درجاتی تضاد کا سوال اٹھایا جاسکتا۔ اردو زبان میں مترادفات اور اضداد کا استعمال عام ہے۔ مثال کے طور پر اردو اخبارات کی زبان میں انگریزی لفظ Militant کے لیے ... جنگجو، انتہا پسند، دہشت پسند، عسکریت پسند، مجاہد وغیرہ مترادفات کثرت سے استعمال ہوتے ہیں۔ انگریزی لفظ Militant کے ان اردو مترادفات کے تجزیاتی مطالعے سے یہ حقیقت بخوبی عیاں ہوجاتی ہے کہ یہ لفظی جوڑے اگر ایک جانب مترادف ہیں تو بعض اعتبار سے ایک دوسرے کی ضد بھی ہیں۔ یہ الفاظ مترادف محض اس لیے ہیں کہ یہ کسی ایک شے شخص یا حقیقت کی نشاندہی کے لیے مستعمل ہیں لیکن معنوی اعتبار سے ان میں قطبین کا فرق ہے۔ مثلاً لفظ مجاہد اور دہشت گرد میں قطبین کا فرق ہے۔ بہر کیف ان مترادفات میں سے کسی ایک لفظ کا انتخاب راسل کے ذہنی رویے کی نشاندہی کرتا ہے۔ اردو اخبارات کی بعض سرخیوں کے جائزے سے راسل کے ذہنی رویوں

اور مرسل تک ایک ہی حقیقت کو مختلف انداز و اثرات کے ساتھ پہنچانے کی سعی کا اندازہ ہوتا ہے اور اس بات کی وضاحت ہوتی ہے کہ بعض سرخیوں میں جنگجو سے مخاصمت کا اظہار ہوتا ہے، تو بعض دوسری سرخیوں سے راسل کے محتاط رویے کا اندازہ ہوتا ہے جب کہ چند اور سرخیاں جنگجو کی براہِ راست حمایت اور ہمدردی کی ترجمان ہیں۔ سطور بالا سے ظاہر ہے کہ اسلوب بیاں کی تشکیل میں مترادفات اور اضداد کا بنیادی رول ہوتا ہے۔ یہ مترادفات اور اضداد نہ صرف یہ کہ معنی کا اظہار کرتے ہیں بلکہ راسل کے ذہنی رویے کی غمازی بھی کرتے ہیں۔

پراگمیٹکس (Pragmatics)

ماحول، حوالے، محل وقوع کی تبدیلیاں الفاظ کے متعین معنی و مفہوم میں تغیرات رونما کرتی ہے۔ ان تغیرات کا مطالعہ Pragmatics کے دائرہ عمل میں آتا ہے۔ یہ امر مسلمہ ہے کہ الفاظ کے معنی و مفہوم کے تعین میں لفظ بنیادی رول انجام دیتے ہیں۔ مثلاً جاں بحق ہونا، ہلاک ہونا، شہید ہونا، جہنم واصل ہونا، فنا کے گھاٹ اترنا وغیرہ اس میں سے ہر لفظ جہاں موت یا مرنے کی خبر دیتا ہے وہیں ان کے استعمال سے پیدا ہونے والے تاثرات میں خاصا فرق آجاتا ہے۔ علم لسانیات میں مترادفات اور ان کے استعمال کے متعلق مسائل کا مطالعہ اس علم کی دو شاخوں (۱)معنیات (Semantics)اور (۲) پراگمیٹکس کی روشنی میں کیا جاتا ہے:

ا جیسا کہ ہم سب واقف ہیں علم لسانیات کی اس شاخ معنیات (Semantics) میں لفظ اور معنی کے باہمی رشتے سے بحث کی جاتی ہے۔ اگر یہ بحث محض لفظ اور معنی کے باہمی رشتے تک محدود رہتی ہے تو اسے ہم لفظی معنیات

(Lexical Semantics) کا نام دیتے ہیں۔ بصورت دیگر اسے معنیات کہتے ہیں۔

پراگمیٹکس میں مترادفات کا مطالعہ لفظ اور اس کے استعمال کی روشنی میں کیا جاتا ہے۔ یہ باہمی رشتہ معنوی ہم آہنگی اور تضاد پر قائم ہوتا ہے۔ اس طرح الفاظ کو ہم مندرجہ ذیل دو خانوں میں تقسیم کرتے ہیں۔

الفاظ کی معنوی ہم آہنگی مترادفات کا تصور پیش کرتی ہے۔ قواعد کی روایتی اصطلاحوں میں ایسے تمام لفظی جوڑے مترادفات کے زمرے میں آتے ہیں، لیکن پراگمیٹکس مترادفات کے بنیادی تصور کی منکر ہے۔ ماہرین لسانیات کا خیال ہے کہ مترادفات میں ظاہری طور پر تو یقیناً ایک معنوی یکسانیت نظر آتی ہے، لیکن اگر بہ نظر غائر جائزہ پیش کیا جائے تو محسوس ہوتا ہے کہ لفظ دراصل علامتوں کا صوتی اظہار ہے اور انسانی ذہن میں علامتوں کی تشکیل ایک ایسا ذہنی عمل ہے جس کی بنیاد حرکت پر قائم ہوتی ہے۔

باب کا خلاصہ

* معنیات لسانیات کا ایک نواحی شعبہ ہے۔

* معنیات کے نقطۂ نظر سے سلسلۂ کلام کو جن اکائیوں میں بانٹا جاتا ہے وہ 'لفظ' ہے۔ یعنی معنیات لفظ کا مطالعہ پیش کرتا ہے۔

* جملے میں الفاظ 'خاص' اور 'امدادی' طور پر استعمال ہوتے ہیں۔

* خاص لفظ لغوی ضرورتوں کو پورا کرتے ہیں۔

* امدادی لفظ جملے کی نحوی ضرورتوں کو پورا کرتا ہے۔

* کسی بھی زبان میں خاص الفاظ لغوی معنیات کا کام دیتے ہیں تو دوسری جانب امدادی لفظ نحوی معنیات کا۔

* خاص لفظ کے معنی کو کلام کے سیاق کے بغیر بیان نہیں کیا جاسکتا۔ بہ الفاظ دیگر سیاق لفظوں کے مختلف معنی کو متعین کرتا ہے۔

* سیاق معنی کا پورا سلسلہ قائم کر دیتا ہے سیاق کے بغیر مفرد لفظ کے معنی محض نظریاتی ہوتے ہیں، گویا لفظ 'شے' کی صوتی علامت ہے۔

* لفظ و معنی کا رشتہ مہمل Vague ہوتا ہے۔ یعنی اس کی حدود قطعی نہیں ہوتیں۔

* زبان میں مترادفات وہ الفاظ ہیں جن کے معنی یکساں ہوں۔

* لفظ کے معنی کی تین قسمیں ہوتی ہیں (۱) مرکزی معنی (۲) اطلاقی معنی (۳) جذباتی معنی۔

* مرکزی معنی کو بالعموم لغوی معنی کہا جاتا ہے جب کہ اطلاقی معنی کو عام فہم زبان میں سیاقی معنی کہا جاتا ہے۔

* حقیقی مترادفات معنوی اعتبار سے تقریباً یکساں ہوتے ہیں۔ جب کہ ذیلی مترادفات ذیلی مفہوم کی ترجمانی کرتے ہیں۔

* اضداد ایسے لفظی جوڑے ہوتے ہیں جو معنوی اعتبار سے ایک دوسرے کے مخالف اور متضاد ہوتے ہیں۔ ان جوڑوں کا کوئی ایک لفظ اگر اثبات کا پہلو ظاہر کرتا ہے تو اس کے برعکس دوسرا نفی کی طرف اشارہ کرتا ہے۔

* ماحول، حوالے، محل وقوع کی تبدیلیاں الفاظ کے متعین معنی و مفہوم میں

تغیرات رونما کرتی ہیں۔ ان تغیرات کا مطالعہ Pragmatics کے دائرہ عمل میں آتا ہے۔

ماخذ: اردو لسانیات، مصنف: علی رفاد فتیحی، دوسری طباعت: ۲۰۱۸، ناشر: قومی کونسل برائے فروغ اردو زبان، نئی دہلی

***